구조화된 놀이상담 시리즈 **6**

초등학생용

사회적 기술개발을 위한 집단상담

행복한 만남과 사귐

청소년과 놀이문화 연구소 **전국재** 글·그림

Σ 시그마프레스

사회적 기술개발을 위한 집단상담

행복한 만남과 사귐 초등학생용

발행일 | 2018년 3월 26일 1쇄 발행

지은이 | 전국재
발행인 | 강학경
발행처 | ㈜시그마프레스
디자인 | 송현주
편   집 | 이지선

등록번호 | 제10-2642호
주소 | 서울특별시 영등포구 양평로 22길 21 선유도코오롱디지털타워 A401~403호
전자우편 | sigma@spress.co.kr
홈페이지 | http://www.sigmapress.co.kr
전화 | (02)323-4845, (02)2062-5184~8
팩스 | (02)323-4197

ISBN | 979-11-6226-057-9

* 책값은 뒤표지에 있습니다.
* 이 도서의 국립중앙도서관 출판예정도서목록(CIP)은 서지정보유통지원시스템 홈
  페이지(http://seoji.nl.go.kr)와 국가자료공동목록시스템(http://www.nl.go.kr/
  kolisnet)에서 이용하실 수 있습니다.(CIP제어번호 : CIP2018007643)

얼마 전 어느 지방의 학교상담사 회장과 워크숍에서 나눈 이야기입니다. "선생님, 나는 위센터(wee center)에서 근무하면서 8개 학교를 순회 상담하고 있습니다. 중·고등학생들과는 이럭저럭 상담이 됩니다. 그런데 초등학생들이 문제입니다. 상담은커녕 관계조차 맺기 어렵고 갈수록 힘들어지니 어떻게 해야 하지요?" 하고 물어왔습니다. 나는 그분이 어떤 뜻으로 물어오는지 충분히 알고 있었습니다. 하지만 대답 대신에 "선생님은 왜 그렇다고 생각하십니까?"라고 되물었습니다. "내가 담당하고 있는 학교는 군소재지에 있는 학교들입니다. 학생들은 대부분 한부모 가정, 조손 가정, 다문화 가정의 아이들입니다. 부모가 있어도 대부분 맞벌이 가정의 자녀들이에요. 학교와 방과 후 학습 때는 그나마 친구들이 있습니다. 그런데 집으로 돌아가서는 함께할 수 있는 친구들이 아예 없으니까 컴퓨터 게임, 스마트폰, TV만 보게 되니 이것이 문제라고 생각해요. 정말 큰일이에요."라고 말했습니다. 맞습니다. 바로 이것이 문제입니다. 마을에는 또래친구들을 찾아보기 힘들어서 함께 어울려 지낼 수 있는 기회 자체가 없습니다. 그러니 자기표현을 하지 못하고 다른 사람들과 관계 맺기가 갈수록 힘들어지니까 아예 무관심하고 무기력하게 되지요. 컴퓨터, 인터넷, 스마트폰, TV에만 매달려 비현실세계에 매몰되어가고 있는 것입니다. 시골 청소년들만 아니라 서울의 강남, 강북, 대도시, 시골 벽촌 어디나 할 것 없이 수많은 청소년들이 이 지경이 되고 말았습니다.

정말 큰일 났습니다. 재앙이 아닐 수 없습니다. 이렇게 그냥 놓아두면 앞으로 끔찍한 괴물들이 속출할 수밖에 없습니다. 이미 그런 일들이 실제로 벌어지고 있지 않습니까? 나는 이미 그런 사실을 알고 있었습니다만 지난 몇 년 동안 전국의 청소년 현장을 돌아다니면서 그 참상을 목격할 수 있었습니다. 그런데도 대부분의 학교와 부모들은 지금도 학생들을 학업에만 내몰고 있습니다. 그들의 인성이 얼마나 망가지고 있는지 얼마나 불행하고 위급한 상태에 있는지도 모르고 말입니다. 아니, 정말 모르고 있는 것이 아니더군요. 사람들은 자기 자식만 챙기느라 다른 학생들은 아예 관심조차 두지 않습니다. 알고 있어도 모른 척하고 있는 것이지요. 알고도 모른 척, 청소년들에게 등을 돌리고 있는 것이 우리들의 비겁한 민낯입니다. 인간소외와 생명경시 풍조가 심화되고, 학교폭력 등 인간상실의 비극이 날로 심각해지고 있습니다. 게다가 출산율은 급격히 낮아져서 학생 수가 눈에 띄게 줄어들고 있습니다. 이들을 어찌해야 합니까? 이렇게 그대로 놓아둘 수 없지 않습니까?

사회적 기술개발을 위한 행복한 만남과 사귐은 이처럼 급박한 위험에 처한 청소년들을 살려내라는 시대적 요구에 따라 2014년에 시작되었습니다. 청소년들이 온전한 인간으로 성장하는 데 필요한 품성과 덕목을 계발하고, 건강한 사회인으로서의 자질을 함양하는 데 목적을 둔 집단활동입니다. 인성교육은 강의식 도덕·윤리 교육으로는 도무지 불가능합니다. 가르쳐서 될 일이 아닙니다. 청소년들이 집단에서 다른 사람들과 인간관계를 통하여 자기와 타인을 이해하고, 건강한 사회인이 되는 데 필요한 품성과 덕목들을 스스로 체득해나가도록 하는 길밖에 없습니다. 집단생활 경험은 인성교육에 유일하면서 필수 불가결한 조건이고 환경입니다.

청소년들의 사회적 기술개발과 인성교육을 목적으로 하는 **사회적 기술개발을 위한 집단상담 : 행복한 만남과 사귐**이 출판된 지도 벌써 4년이 지났습니다. 그로부터 나와 아내는 이 책을 가지고 전국 곳곳을 순회하면서 70여 회의 집단상담 워크숍을 실시하였는데, 참가자들은 대부분 학교상담사, 학교복지사, 교사들이었습니다. 워크숍 참가자 수가 이미 3천 명을 넘어섰습니다. 그런데도 참가자들의 관심과 요구는 날로 더 뜨거워지고 있어서 막중한 책임감을 느끼고 있습니다.

지난 4년은 워크숍에 전념하느라 정말로 쏜살같이 지나가버렸습니다. 돌이켜볼 때 무척이나 힘든 무리한 일정이었는데도 한 번도 거르지 않고 차질 없이 해온 것이 감사하고 내심 자랑스럽기도 합니다. 그동안 가장 큰 힘이 되어준 분들은 워크숍에서 만난 분들입니다. 그분들은 그동안 겪었던 어려움과 도무지 비교할 수 없는 소중한 기쁨과 보람을 안겨주었습니다. 아내와 나는 놀이로 하는 집단상담 행복한 만남과 사귐을 진행하면서 이 프로그램이 청소년들에게 중요하고, 적절하며 또한 시급하고, 필수적이라는 사실을 새삼 확인할 수 있었습니다. 나아가 워크숍을 수료한 학교전문상담사, 학교복지사, 교사들에게 이 프로그램이 수월하고 효과적으로 사용되고 있어서 큰 위로를 받습니다. 무엇보다도 가장 큰 보람은 이 집단 프로그램에 참가한 학생들이 어울려 신나게 즐기고 놀고 행복해하면서 인성교육이 목표로 하는 품성과 덕목들을 그들이 스스로 체득하고 성장하는 데 도움이 되고 있다는 사실입니다.

이번에 개정 증보판을 판매용으로 펴내게 된 데는 수많은 분들로부터 교재 구입 요청을 받아왔기 때문이었습니다. 실제로 워크숍 교재로 사용하기 위해 개발한 프로그램 매뉴얼이어서 관심 있는 청소년 실무자들이 서점에서 구입할 수가 없었습니다. 5년차를 맞아 모든 분들에게 프로그램을 공유하기로 마음을 정하고 많은 부분을 수정 보완하여 이번에 개정 증보판을 출판하게 되었습니다.

부족하기 이를 데 없는 나에게 우리나라 출판 역사상 유례가 없는 **구조화된 놀이상담 시리즈**(시그마프레스)와 **전국재의 놀이백과 시리즈**(시그마북스)를 펴내도록 허락해주신 강학경 사장님께 깊이 감사드립니다. 그리고 청소년을 살리는 운동을 이해하셔서 지난 5년 동안 전국에서 활동하는 상담사, 사회복지사, 교사들을 대상으로 인성교육 워크숍을 운영할 수 있도록 적극적으로 후원해주고 계시는 현대차 정몽구재단에게도 진심으로 감사드립니다. 현대차 정몽구재단의 지속적인 후원이 없었다면 불가능한 일이었습니다. 마지막으로 나와 함께하는 청소년과 놀이문화연구소 동지들께도 감사의 마음을 전합니다.

나는 이 책이 이 땅의 청소년들을 살리는 데 큰 도움이 될 수 있게 되기를 바라는 마음을 숨기고 싶지 않습니다. 아울러 청소년들과 함께하면서 그들을 위해 헌신적으로 활동하고 계시는 이 땅의 모든 교육·상담 운동가들에게 이 책이 조금이라도 도움이 될 수 있게 되기를 기대합니다. 감사합니다.

청소년과 놀이문화연구소
소장 전국재

오늘날 수많은 청소년들이 신체적·정신적으로 병들어가고 있는 이유는 분명합니다. 그들에게서 자연과 사람들과의 관계를 단절시켜 놓았기 때문입니다. 한마디로 자연과 사람, 이 생명체들과 관계를 단절시켜 놓았으니 청소년들이 자기가 소중한 생명체라는 사실을 어떻게 느끼고 인식할 수 있겠습니까? 청소년 자살, 우울증, 학교 폭력, 성폭행, 온갖 비행·일탈 행동은 모두 생명 경시와 인간소외에서 비롯된 비극입니다.

여기에 문제가 있는 것이 사실이라면 청소년들을 살릴 수 있는 해답은 간단합니다. 사람과 사람들, 사람과 자연, 끊어져 버린 이 생명체들과의 관계를 회복시켜주는 것입니다. 여기의 중심에는 놀이가 있습니다. 우리의 어린 시절을 돌아보면 어린이들은 자연에서 친구들과 맘껏 뛰놀면서 삶의 지혜와 덕목을 은연중에 배워나갔습니다. 그러면서 점차 개인적으로나 사회적으로 이웃과 더불어 살아가는 성숙한 사회인으로 성장해나갈 수 있었던 것입니다.

그런데 오늘날은 상황이 전혀 다릅니다. 학생들은 온종일 학교와 학원에서 갇혀있습니다. 이혼·별거로 해체 가정이 급증하고, 맞벌이 부부가 늘어가며, 형제 수는 급감하여 부모와 자식이라도 각자 따로 살아가고 있는 실정입니다. 여기에 인터넷, 컴퓨터 게임, 스마트폰이 문제를 더욱 심각하게 만들어놓고 있습니다. 첨단 정보기기들이 많아질수록 사람들은 더욱 고립되어갑니다. 청소년들은 친구들과 사귀는 방법을 모르고 있습니다. 서로에 대해 관심조차 없습니다. 스스로 외부세계와 차단하고 살면서 가상세계에 매몰되어 살아가는 은둔형 외톨이들이 급증하고 있습니다. 문제의 심각성은 일부 청소년들만 아니라 이 땅의 모든 청소년들에게서 이런 증상이 만연하고 있다는 데 있습니다.

사회적 기술개발 프로그램 '행복한 만남과 사귐'은 이러한 문제의식을 가지고 청소년들을 살릴 목적으로 마련한 집단상담입니다. 공동체에서 청소년들이 집단활동을 하면서 다른 사람들과 건강하고 행복한 만남과 사귐을 경험하는 기회를 가지고, 이를 통하여 사회인으로서 필요한 품성과 덕목을 익히며, 나아가 온전한 인간으로 성장할 수 있도록 하기 위한 것이 이 프로그램의 목적입니다. 청소년들이 이웃과 더불어 살아가는 데 필수적인 기본적 대인관계 및 의사소통기술을 은연중 자연스럽게 습득할 수 있도록 고안하였습니다. 이 프로그램의 가장 큰 특징은 집단 초기에서 종결하기까지의 전 과정을 즐거운 놀이로 구성하였다는 데 있습니다.

여기에 적용한 놀이는 일반적인 게임 또는 레크리에이션과는 성격이 상당히 다릅니다. 나는 1980년부터 오늘에 이르기까지 일평생을 현장에서 청소년들과 함께하면서 놀이에서 그들을 살리는 대안을 모색해왔습니다. 그 결과물이 구조화된 놀이입니다. 놀이는 놀이하는 사람(사람들)이 하는, 전적으로 사람 중심의 비구조화된 활동인데, 구조화된 놀이라고 하는 것은 모순이 아닐 수 없습니다. 구조화된 놀이는 한정된 짧은 시간에 가지는 집단활동(상담)의 한계를 극복하기 위해 놀이가 가진 자연성을 훼손·왜곡시키지 않고 살리면서 놀이가 가진 교육·상담·치료적인 기능과 힘을 극대화할 수 있도록 한 것입니다.

이제는 청소년들에게 기본적인 인간관계 및 대인관계 기술을 습득하고 향상시킬 수 있도록 도와주는 프로그램을 별도로 마련하여 제공해주어야 할 만큼 상황이 시급합니다. 이 프로그램이 우리나라 청소년들이 살아나고 모두 건강하고 행복한 자유인으로 성장하는 데 미약하나마 쓰임받게 되기를 간절히 기원합니다.

마지막으로 놀이의 원형을 찾아 함께 하고 있는 청소년과 놀이문화연구소 동지들, 그리고 아내에게 고마움과 사랑하는 마음을 전합니다. 나의 부족함을 탓하지 않고 10여 권의 책을 펴내게 도와주신 (주)시그마프레스 강학경 사장님과 함께 일하시는 모든 분들에게 깊이 감사드립니다.

청소년과 놀이문화연구소
전국재

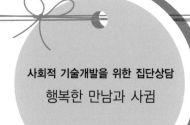

사회적 기술개발을 위한 집단상담

행복한 만남과 사귐

PART 1

이론적 배경

제 1 장

놀이 이해

놀이는 오랫동안 무의미하고, 하찮고, 게으른 짓으로 무시당해왔으며 심지어 죄악시되어 핍박을 당하기도 하였습니다. 그러다가 19세기 중반부터 놀이에 대한 가설이 성립되기 시작하면서 여러 고전 놀이 이론들이 나왔습니다. 그 대표적인 이론들은 스펜서의 잉여에너지 이론(surplus energy theory), 그루스의 연습 이론(practice theory), 홀의 반복 이론(recapitulation theory), 그리고 패트릭의 휴식 이론(relaxation theory) 등입니다. 이상의 고전이론들은 공통적으로 다윈의 진화론에 영향을 받았습니다. 스펜서는 하등동물이 고등동물로 진화할수록 생존에 필요한 에너지를 덜 소비하게 되는데, 이러한 과정에서 내부에 축적된 잉여에너지를 '증기가 뿜어 나오는 것'처럼 외부로 분출시키는 것이 놀이라고 하였습니다. 미학의 기초로서 놀이에 관심을 가진 철학자 그루스는 놀이를 성년기에 필요한 기술을 연습하며 익히기 위한 준비라고 하였습니다. 동물은 생존을 위해서는 변화하는 환경조건에 잘 적응해야 하는데, 놀이는 그러한 생존에 필요한 기술을 연습하여 익히기 위한 본능적인 행동이라는 것입니다. 심리학자 홀은 아동은 배아기(embryo)의 원생동물류에서 인간에 이르는 진화의 전 과정을 밟는데, 놀이는 그 진화과정을 반복하는 행동이라는 것이라고 하였습니다. 패트릭은 인간은 정신적으로 피로감을 느끼고 스트레스를 받아서 휴식하고 싶을 때 놀이를 한다고 하였습니다.

놀이의 원인과 기능을 이해하는 데 주력한 고전 놀이 이론들은 '놀이는 무엇인가?'라는 본질적인 물음에 대해서는 충분히 설명해주지 못했습니다. 1920년대에 발전된 현대 놀이 이론들이 나오기 시작하였는데 대표적인 학자가 피아제입니다. 피아제의 인지발달 이론으로 시작된 아동의 놀이에 대한 연구는 1970년대에 이르러 폭발적으로 증가하였습니다.

 놀이의 정의

놀이에 대한 대표적인 정의를 몇 가지 소개하면 다음과 같습니다. "놀이는 잉여 에너지의 맹목적인 소비이다"(Schiller), "놀이는 어린이가 원해서 하는 활동이다"(Gulick), "놀이는 인간의 가장 순수한 정신적 활동이다"(Froebel), "놀이는 어린이의 삶 자체인 동시에 세상을 이해하는 수단이다"(Issacs), "놀이는 자유롭고 목적이 없으며 즐겁고 재미있는 활동이다"(Lazarus), "놀이는 어떤 결과를 위해 의도적으로 행하는 것이 아닌 모든 활동을 지칭한다"(Dewey).

이 책에서 나는 놀이의 새 지평을 연 네덜란드의 문화사학자 요한 하위징아와 프랑스의 사상가 로제 카이와의 정의를 중심으로 놀이에 대해 알아보기로 하겠습니다. '놀이하는 인간'이라는 뜻의 호모 루덴스(김윤수 역, 1997)를 저술한 하위징아는 놀이가 인간의 존재와 행위 양식의 본질이라고 보았습니다. 놀이가 문화에 속한 것이 아니라, 문화 자체가 놀이의 성격을 가지고 있다고 하였습니다. 모든 형태의 문화는 놀이에 기반을 두고 있으며, 인간의 공동생활 자체가 놀이의 형식을 띤다는 것입니다. 놀이는 결코 단순한 즐거움이나 소일거리가 아닙니다. 하위징아는 놀이가 인간의 이성과 밀접하게 결부되어 있으면서도 순수한 이성의 작용과는 구분되는 별개의 작용을 한다고 하였습니다. 합리의 범위로부터 튀어나오는 것으로 규격화되어 있지 않으며, 무엇보다도 자발성 및 자유성과 함께 정신의 긴장, 평형, 질서를 필요로 하는 문화를 생성하고 문화를 선행하는 원동력이라는 것입니다.

하위징아는 다음과 같이 놀이를 정의하였습니다.

"놀이는 어떤 고정된 시간과 공간의 한계 안에서 수행되는, 그리고 자유롭게 받아들여진, 그러나 절대적 구속력을 갖는 원칙에 따라 수행되는 자발적인 행위 또는 일로서, 그 자체에 목적이 있으며, 또 거기에는 어떤 긴장감과 즐거움이 따르며, '일상생활'과는 '다른' 것이라는 의식이 따른다"(Huizinga, 1993).

로제 카이와는 하위징아의 이러한 정의에 대해 대부분 맥을 같이하고 있습니다.[*] 다음은 카이와가 놀이를 정의한 것입니다(Caillois, 1994: 34).

1. **자유로운 활동** : 놀이하는 자가 강요당하지 않는다. 만일 강요당하면 곧바로 놀이는 마음을 끄는 유쾌한 즐거움이라는 성질을 잃어버린다.
2. **분리된 활동** : 처음부터 정해진 명확한 공간과 시간의 범위 내에 한정되어 있다.
3. **확정되어 있지 않은 활동** : 게임의 전개가 결정되어 있지도 않으며, 결과가 미리 주어져 있지도 않다. 생각해낼 필요가 있기 때문에 어느 정도의 자유가 놀이하는 자에게 반드시 남겨져 있어야 한다.
4. **비생산적인 활동** : 재화도 부도 어떠한 새로운 요소도 만들어내지 않는다. 놀이하는 자들 간의 소유권 이동을 제외하면 게임 시작 때와 똑같은 상태에 이른다.
5. **규칙이 있는 활동** : 약속이 따르는 활동이다. 이 약속은 일상의 법규를 정지시키고, 일시적으로 새로운 법을 확립하며, 이 법만이 통용된다.
6. **허구적인 활동** : 현실생활에 비하면 이차적인 현실 또는 명백히 비현실이라는 특수한 인식을 수반한다.

카이와는 하위징아와는 달리 놀이 자체에 대한 연구와 분류에도 관심을 기울였습니다. 이것을 제외하고는 두 사람은 놀이에 대한 이해가 상당히 일치합니다. 다음은

---

[*] 하위징아는 또 다른 정의에서 "놀이는 허구적인(fictive) 것으로서 일상생활 밖에 있음에도 불구하고, 놀이하는 자를 완전히 사로잡을 수 있는 자유로운 행위로 간단하게 정의할 수 있다. 그것은 어떠한 물질적 이익도 효용도 없는 행위로서, 명확하게 한정된 시간과 공간 속에서 행해지며, 주어진 규칙에 따라 질서정연하게 진행되는데, 기꺼이 자신을 신비로 둘러싸거나 아니면 가장(假裝)을 통해 평상시의 세계와는 무관하다는 것을 강조하는 집단관계를 생활 속에 생기게 한다."고 하였습니다. 이에 대해 카이와는 놀이가 '어떠한 물질적 이익도 효용도 없는 행위'라는 부분에 대해 이견을 제기하였습니다. 좋고 나쁨을 떠나 도박 따위를 설명할 수 없다고 지적하였지만 도박에서 돈이 오갈 뿐이지 총액은 그대로이므로 하위징아의 주장이 틀리지 않는다며 그의 주장에 동의한다고 하였습니다(Caillois, 1994: 27, 28).

두 학자가 동의하는 놀이의 속성을 정리한 것입니다.

1. 놀이는 현실세계가 아닌 허구적인 또는 가상의 세계에서 이루어진다(허구성).
2. 놀이는 놀이하는 자가 내적 동기에 따라 하는 자유로운 활동이다(자기주도성).
3. 놀이는 진지하다.
4. 놀이는 명확하게 한정된 공간과 시간에서 이루어진다.
5. 놀이는 놀이 자체가 목적이 되는 재미있는 활동이다(무목적성).
6. 놀이는 비생산적인 활동이다(비생산성).
7. 놀이는 절대적 영향을 미치는 엄격하고 일관된 규칙이 있다.
8. 놀이는 결과가 정해져 있지 않으므로 과정이 더 중요하다.
9. 놀이하는 자는 언제라도 임의로 놀이를 시작하고 그만둘 수 있다.
10. 놀이는 종결되고 나서도 놀이에서의 경험과 느낌이 현실세계에서 그대로 지속되려는 경향이 있다.

레비는 아동만이 아니라 성인들의 놀이행동을 인간 행동의 내적·외적 동기 모형의 관점에서 연구하였습니다. 그는 놀이는 외적인 힘이 아니라 내적 동기에 의해 이끌리는 자유로운 행동으로 타인과 환경에 반응한다고 하였으며, 놀이의 준거로 다음의 세 가지를 제시하였습니다.

1. 내적 동기

놀이행동의 두드러진 특성인 내적 동기(intrinsic motivation)는 내적 활동에 몰입하려는 추동(drive)으로서, 유기체나 활동 내부에 기원을 두고 생깁니다. 놀이 활동은 어떤 목적이 없으며 '놀이 그 자체'를 위해서 혹은 단지 '즐거워서' 하는 행동입니다. 놀이에 외적 보상이 개입되면 내적 동기가 손상을 받게 되고 놀이하는 자는 즐거움을 잃어버리며 몰두하는 정도가 감소됩니다. 레비는 외적 보상이 전혀 불필요하다고 보지는 않았습니다. 승패의 결과에 따라 외적 보상이 주어지게 되더라도 궁극적으로는 합이 제로가 되는 결과를 낳게 된다는 것입니다. 내적으로 동기화된 사람은 외적 보상을 기대하는 사람보다 내적으로 보상받게 되고 더 큰 즐거움을 얻습니다.

그는 내적 동기에 의한 내적 경험을 칙센트미하이의 몰입(flow)으로 설명하였습니다. 몰입은 자신의 행동이나 느낌을 인식하지 못하고 자신이 활동에 완전히 빠져 있는 상태를 말합니다. 이러한 몰입 상태에 있는 사람들은 활동에 대한 최적의 정보를 가지게 되고 이를 처리하게 된다는 것입니다. 이러한 상태는 놀이 이론가들마다 다른 용어를 사용하고 있습니다. 매슬로우는 의식의 협소화(narrowing of consciousness), 칙센트미하이는 주의 집중(centering of attention), 이밖에 각성(arousal), 인식(epistemic), 감각적 평형(sensoristasis) 등이 있습니다. 레비는 이러한 최적의 정보처리가 완전 예측 가능한 것은 아니라고 하였습니다. 이와는 반대로 놀이 행동은 최고의 동기인 긴장과 불확실성이 따르는 활동을 추구하는 맥락에서 검토되어야 한다고 하였습니다. 이러한 몰입 상태에 있던 사람이 자기 의식과 행동을 인식하게 되는 순간 놀이행동의 내적 특성은 사라지게 됩니다.

내적 동기 원리는 다음과 같습니다.

- 내적 요인들은 자아실현, 자아성취 및 자존감(self-esteem) 등을 갖게 한다.
- 자존감에 대한 만족은 자신에 대한 신뢰 · 가치 · 힘 · 능력 · 적합성 등의 느낌을 갖게 한다.
- 외적 요인들은 불만 또는 부정적이고 회피적인 측면과 연관되어 있다.
- 외적 요인들은 불만을 예방하기는 하나 긍정적인 태도를 기르는 데는 거의 효과가 없는 것으로 생각된다.
- 내적 요인들의 감소는 만족감을 감소시키는 효과는 있으나, 불만이 생기게 하지는 않는다.
- 따라서 정신건강을 증가시키는 오락의 주요 역할은 내적 욕구의 만족에 기여할 수 있는 경험을 증대시키고 계획하게 만드는 잠재 능력에 있다. 마찬가지로 정신병은 개인의 내적 욕구를 만족시킬 수 있는 오락 활동을 찾지 못하는 것과 밀접하게 관련되어 있다.
- 기본적인 가정의 하나로 정신건강과 정신병은 적응의 두 가지 독립적인 차원이며 건강과 질병의 정도는 개인의 외적 욕구, 또는 내적 욕구의 일차적 만족에 대한 성향을 반영한다.

2. 현실감의 부재

레비는 하위징아가 말한 놀이의 '허구성'을 '현실감의 부재(suspension of reality)'라고 설명하였습니다. "현실감의 부재란 현실적인 장의 상실을 뜻하며, 잠시 환상적인 자아나 상상적인 자아를 수용하는 것이다. 사람들은 가작화(make-believe)의 형태를 통해 현실세계로부터 자유를 얻고 규칙, 역할, 기대 등이 없는 현실적 자아의 상실을 경험할 수 있다." 현실로부터의 이탈은 인간으로 하여금 자신의 능력과 인간적인 힘을 시험해볼 기회를 제공해주며, 이에 따라 자아와 환경을 더 강하게 인식할 수 있다고 하였습니다.

3. 내적 통제 신념

내적 통제 신념(internal locus of control)이란 사람들이 자신의 행동과 행동의 결과를 스스로 통제하고 있다고 지각하는 정도입니다. 내적 통제자는 개인이 무엇을 하든지 스스로 선택하고 스스로 원하기 때문에 하며, 이에 대한 책임도 스스로 지는 경향이 뚜렷합니다. 내적 통제자(또는 집단)는 외적 통제자(집단)보다 여가와 일, 이 두 가지를 더 만족스럽게 생각합니다. 자신의 운명을 통제하고 있다고 믿으면서 사회화된 사람들은 대체로 자신의 삶에 대해 만족스럽게 생각하고 있기 때문입니다. 그들은 외부에서 주어지는 규칙, 통제, 상벌 등에 의존적이지 않고 영향을 받지도 않습니다. 내적 동기에 의해 스스로 선택하여 한 행동에 대한 내적 보상에만 관심이 있을 뿐 외

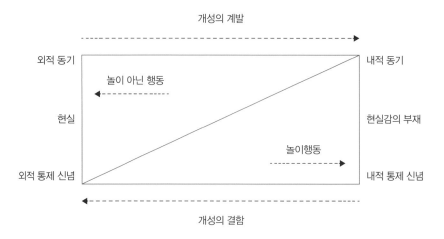

그림 1.1 놀이행동 : 개성의 계발(Levy, 1990)

적 보상을 기대하지 않습니다(Levy, 이은해 역 : 11-32).

레비는 이상의 세 가지 특징을 가진 놀이행동이 인간을 가장 창의적이고 심오한 특성을 계발하도록 돕는 역동적인 과정이라고 하였습니다. 앞의 〈그림 1.1〉은 놀이행동을 통한 '개성의 계발(unfolding of individuality)'을 도식화한 것입니다.

② 놀이의 교육적 의의

놀이 연구에 일반적으로 '놀이를 하는 과정' 자체를 교육으로 보는 관점(play as education)과 놀이를 교육의 도구와 과정(play in education)으로 보는 두 가지 관점이 있습니다. 나는 교육·문화가 놀이에 기반을 두고 있다고 하는 하위징아의 입장에 동의합니다. 놀이는 단지 교육의 도구와 과정으로만 사용되는 것이 아닙니다. 놀이는 교육에 선행하며, 놀이가 곧 교육입니다. 놀이를 올바로 하게 된다면 놀이의 탁월한 교육적 기능이 어린이에게 직접 영향을 미치게 됩니다.

다음은 카플란이 놀이의 교육적 기능을 요약한 것입니다(Caplan, 1993: 14-20).

1. 놀이의 힘은 비범하고 대단히 진지한 것이다.
2. 놀이시간은 성장을 돕는다.
3. 놀이는 자발적인 활동이다.
4. 놀이세계에서는 아동 자신이 결정권자이며 놀이의 지배자이다.
5. 놀이는 아동에게 활동의 자유를 부여한다.
6. 놀이는 아동이 다스릴 수 있는 상상의 세계를 제공해준다.
7. 놀이는 모험의 요소를 가지고 있어서 아동의 자발적인 경이감과 탐색적 시도를 유발하는 불확실성과 도전을 내포하고 있다.
8. 놀이는 언어습득의 기초를 제공한다.
9. 놀이는 대인관계를 형성하는 독특한 힘을 가지고 있다.
10. 놀이는 신체적 능력을 숙달시키는 기회를 제공한다.
11. 놀이는 흥미와 주의집중 능력을 신장시킨다.

12. 놀이는 아동이 물질세계를 탐색해나가는 방법이 된다.

13. 놀이는 성인의 역할을 학습하는 방법이 된다.

14. 놀이는 항상 역동적인 학습 방법이다.

15. 놀이는 아동의 판단력을 돕는다.

16. 학교학습은 놀이를 통해서 구체화할 수 있다.

17. 놀이는 중요한 활력소의 역할을 한다. 놀이 활동은 성인뿐 아니라 아동에게도 신경생리적으로 중요한 영향을 미친다.

나는 아직까지도 '놀이가 이것이다'라고 분명하게 정의하지 못하고 있습니다. 일평생 놀이를 사랑해왔으며 펴낸 책만 해도 40여 권이 됩니다. 놀이가 청소년들을 살려내고 수많은 교육 문제들을 해결할 수 있는 유일한 해답이라고 확신하고 있습니다. 그런데도 놀이가 무엇인지를 딱 부러지게 정의하지 못하고 있다고 하니 이상하게 들릴 것입니다. 그러나 그 이유가 무능의 소치만은 아닙니다. 놀이세계가 어찌나넓고 깊고 심오한지 놀이를 알아갈수록 모르는 것이 더 많아지고 있기 때문입니다. 이제 부족하나마 내가 이해하고 있는 놀이의 교육적 의의를 정리해보겠습니다.

1. 놀이의 허구성

놀이는 일상적 또는 실제가 아닌 허구의 세계에서 이루어집니다. 놀이는 현실세계와 구분되어 따로 있다는 말입니다. 이는 놀이에 폭 빠져 정신없이 놀고 있는 어린이의 모습에서 쉽게 이해할 수 있습니다. 예를 들어, 소꿉놀이를 하는 아이는 마치 자기가 엄마, 아빠, 언니, 그리고 아기인 것처럼 놉니다. 아이는 단지 '…하는 척'하고 있는 것이 아닙니다. 엄마, 아빠, 언니, 그리고 아기를 자유롭고 넘나들면서 실제로 그들이 되어 있습니다. 돌로 으깨어서 만든 빨간 벽돌가루인데도 아이에게는 그것이 진짜 고춧가루가 됩니다. 때로는 '…하는 척'하고 있음을 인식하더라도 놀이에 완전히 몰입하게 됩니다. 놀이하는 순간만큼 아이는 단지 '…하는 척'하는 느낌에서 완전히 벗어나게 됩니다. 놀이가 허구적이라는 것은 놀이의 비현실성을 나타내는 것이지 가짜라거나 거짓이라든가 무의미한 허튼 짓이라는 뜻이 아닙니다. 놀이에 폭 빠져 있는 어린이를 '정신 나갔다', '제정신이 아니다' 또는 '딴 세상에 가 있다'라고 하는

데, 이것은 놀이세계가 따로 있음을 반영하는 것입니다. 놀이는 현실세계에서 벗어나 저절로 또는 의도적으로 구획된 제한된 공간에 빠져들어 그 안에서 절대적인 영향을 미치는 고유한 규칙과 질서에 따라 하는 행동입니다.

그러면 '허구적'인 놀이가 청소년들에게 중요한 이유는 무엇일까요? 유년기에 '허구적'(또는 '가상의') 놀이세계를 충분히 경험해보지 못하고 자라게 되면 장차 꿈, 이상, 비전을 가진 진취적이고 건강한 인간으로 성장하기가 무척 어렵습니다. 놀이하는 자는 허구세계의 주인공이 되어 현실세계를 초월하는 초현실적인 느낌, 생각, 행동을 마음껏 하면서 자기만의 특별한 방법으로 경험을 합니다. 놀이는 생애 발달주기마다 반드시 해보고, 느끼고, 경험해야 하는 활동입니다. 동화 · 동시 · 동요가 어린이들에게 중요한 이유가 여기에 있습니다. 어린 시절 비현실적인 놀이세계에서 깊이 들어가 놀아보지 못한 청소년들은 비전 · 자유 · 이상과 같은 이상향을 향유할 수가 없습니다. 비현실세계에서 가진 놀이 경험은 허황된 것이 아니라 오히려 현실을 초월하여 보다 의미롭게 살아가도록 해주는 힘이 되어줍니다.

심리학자 올포트는 신경증적인 사람들은 일반적으로 자기를 일관성 있게 이끌어주는 꿈 · 희망 · 이상 · 열정이 결여되어 있다고 하였습니다. 프랭클은 신경증 환자들의 특징을 무의미 · 무의도 · 무목적 · 공허감이라고 하였습니다. 사람을 가치 있게 하는 꿈 · 비전 · 희망 · 기적 · 열정 · 이상은 현실세계에서는 비현실적입니다. 이것들은 오히려 비현실세계인 놀이에서 경험하면서 획득하고 발전시킬 수 있는 것입니다. '이상적', 다른 말로 '비현실적인 꿈'은 현실을 살아가는 사람들이 초월적인 삶을 살아가도록 해주는 힘이 됩니다.

죽은 시인의 사회라는 영화에는 학생들이 은밀히 찾아가는 동굴이 나옵니다. 학생들은 매일 밤 교사의 눈을 피해 학교 담장을 넘어서 아지트인 동굴에 모였습니다. 학생들은 거기서 학교에서는 할 수 없었던 일탈적인 행동을 하기도 했습니다. 그 동굴은 심리학자 트루니에가 그의 저서 비밀(소승연 역, 2005)에서 말하는 아이들의 비밀스러운 자리입니다. 트루니에는 어린이들이 성장하면서 자기만 아는 비밀을 가지기 시작하는데, 이러한 비밀은 아이가 독립적인 인간으로 성장하는 데 필수적이라고 하였습니다. 자식이 비밀을 가지기 시작한 것을 알게 된 부모는 이를 서운해하거나 거짓말을 한다고 오해하기 쉽습니다. 하지만 트루니에는 아이가 비밀을 갖기 시작했다는 것은 독립적인 인간으로 성장해가는 징후이므로 부모가 이를 캐묻거나 꾸짖지 말고 존중해주어야 한다고 하였습니다. 어린이에게 비밀은 자기만의 세계이며 그를 통해 진정한 자기가 되어갑니다. **죽은 시인의 사회**의 동굴과 트루니에의 비밀은 바로 청소년들의 놀이인 것입니다.

2. 내적 동기에 의해 발현된 자발성

놀이는 놀이하는 자가 자발적으로 하는 것이지 강제로 시켜서는 도무지 할 수 없습니다. 놀이는 강요당하는 순간 망가져버립니다. 놀이하는 자는 온전히 자신의 의지에 따라 능동적으로 놀이를 즐깁니다. 놀이하는 자는 자유의지에 따라 생각하고 느끼고 행동합니다. 놀이는 내적 동기가 발동하여 자발적으로 참여하게 될 때 비로소 실현되는 것입니다. 놀이세계에 빠져드는 순간 한동안 망각하였던 내면의 자기를 만나는 신비로운 일이 벌어집니다. 이는 놀이의 허구성과도 직접 관련이 있습니다. 놀이하는 자가 딴 세상인 놀이세계에 몰입하게 되면서 현실세계에서 자기를 괴롭히던 문제에서 벗어나 잊어버리게 되는 뜻밖의 일을 경험합니다. 적어도 놀이하는 순간만큼은 현실에서 이탈하여 부지불식간에 해방감 및 자유와 기쁨을 맛보게 됩니다.

우리나라 교육은 학생 개개인을 독립적인 인격체로 세우는 데 실패를 거듭해왔습니다. 교사가 학생을 일방적으로 가르쳐만 왔기 때문입니다. 교사 중심의 일방적인 주입식 교육으로는 청소년을 자발적이고 창의적이고 책임 있는 인간으로 성장시킬 수가 없습니다. 진정한 교육은 학습자를 독립된 인간으로 존중하여 그가 가진 잠재적 가능성을 최대한 발현할 수 있도록 도와주는 것이며, 이것이 놀이입니다. 놀이하는 사람은 자발적으로 참여하여 스스로 즐기며, 놀이에서 다른 사람들과의 만남과 사귐을 경험해보게 됩니다. 놀이에서 자유 · 자율 · 절제 · 책임의식을 자연스럽게 체득해 나가면서 사회인으로서의 덕목을 배워갑니다.

3. 절대적이고 일관성 있는 규칙

아들러는 응석받이로 자란 아이가 장차 조현병 환자와 범죄자가 될 가능성이 높다고 경고하였습니다. 원칙이 없는 부모가 자녀를 응석꾸러기로 만든다는 것입니다. 아이가 막무가내로 떼를 쓰면 마지못해서 들어주고, 부당한 요구인 줄 알면서도 큰 소리 내고 시위를 벌이면 통하는, 원칙 없는 부모, 학교, 그리고 사회가 응석꾸러기들을 양산하고 있습니다.

청소년들에게 놀이가 시급하게 필요한 이유가 여기에 있습니다. 놀이에는 절대적인 규칙이 있어서 놀이하는 자가 규칙을 어기면 놀이판은 여지없이 깨져버립니다. 놀이규칙은 질서를 창조하며 불완전한 세계와 혼돈된 삶에 일시적으로나마 제한된 완벽성을 가져다줍니다. 주목할 사실은 지도자 또는 교사와 같은 성인이 규칙을 정해주는 것이 아니라, 놀이하는 자들(청소년)이 직접 놀이규칙을 만들고 이를 자율적으로 지켜나간다는 점입니다. 타인(외부인)이 만든 규칙을 어쩔 수 없이 따라야 하는 것이 아니라 청소년들이 합의하에 규칙을 만들기 때문에 그들은 규칙을 자율적으로 준수하게 되고 그에 대해 책임을 집니다. 그러면서 청소년들은 스스로 자유 · 자율 · 질서 · 책임감 · 준법정신 · 공동체 정신, 그리고 절제(self-control)와 같은 소중한 덕목들을 은연중에 체득해나갑니다. 이러한 덕목들은 교육으로 습득되지 않습니다. 청소년들은 놀다가 옥신각신 다투고 싸우기도 하고, 이런저런 위기와 혼동을 겪으면서 경험을 통하여 규칙의 중요성을 이해하게 되며, 협력하고 타협하면서 질서를 만들어나갑니다.

4. 놀이의 무목적성

놀이는 아무런 목적이 없습니다. 놀이는 그냥 재미있고 즐거워서 하는 것이지 어떤 목적을 가지고 이를 성취하기 위해 하는 행동이 아닙니다. 재미가 놀이의 목적이 되는 것도 아닙니다. 놀다 보니 재미있고 행복해지는 것이지 재미와 행복을 목적으로 놀이를 하는 것이 아닌 것이지요. **서머힐**의 니일은 정신없이 놀고 있는 아이에게 끼어들어서 가르치려고 하는 교사를 혐오했다고 합니다. 예를 들면 이런 경우입니다. 개울에서 돌을 주워서 둑을 쌓고 있는 어린이가 있습니다. 교사가 이를 보고 "애야, 내가 도와줄게. 둑은 이렇게 쌓는 것이야."라는 식으로 가르칩니다. 이런 교사가 바로 놀이파괴자이지요. 그가 개입하는 순간 놀이는 깨지고 아이는 흥미를 잃어버립니다. 놀이에 교육이라는 의도가 개입되는 순간 놀이는 산산조각이 나버립니다. 놀이는 놀이하는 자가 마음이 이끄는 대로 제멋대로 해야 합니다. 누구라도 이래라 저래라 하고 간섭하면 어린이는 놀고 싶은 기분이 싹 사라져버리고 맙니다. 어린이가 스

'놀이파괴자'라는 개념이 있는데, 이는 놀이규칙을 어기는 사람을 일컫는 것이 아닙니다. 놀이규칙을 지키지 않는 것일 뿐이지 놀이를 인정하지 않는 것은 아니기 때문이지요. 놀이 파괴자는 놀이 자체를 부정하는 그런 사람입니다. 예를 들어, 소꿉놀이에 폭 빠져 있는 아이의 놀이판을 뒤집어놓는다든지, 아이가 모래성을 쌓고 있는데 갑자기 뛰어들어서 모래성을 짓밟아버리고, 고무줄놀이를 하는 아이들의 고무줄을 싹뚝 잘라버리는 그런 사람이 바로 놀이 파괴자입니다. 정신없이 놀고 있는 아이에게 어른이 끼어들어서 "너 지금 왜 놀고 있니?" 하고 물어봤다고 합시다. 그 아이의 기분이 어떻겠습니까? 아무 생각 없이 놀고 있는데 "왜 노느냐?"고 물어봤으니 기분이 무척 상했을 것입니다. 이런 사람도 놀이파괴자라고 할 수 있습니다. 이런 놀이 파괴자가 있으면 놀이를 아예 할 수 없게 됩니다. 어린 시절에 실컷 놀아보지 못한 공부벌레들이 놀이파괴자가 되기 쉽습니다.

스로 놀 수 있도록 놓아두는 인내와, 자신이 직접 할 수 있도록 하는 지혜를 배워나가는 것이 지도자의 역할인 것입니다. 지도자의 역할은 가르치는 데 있는 것이 아니라 학생들이 스스로 배워나갈 수 있도록 하는 방법으로 이끄는 데 있습니다. 지도자가 목적을 가지고 교육하기를 포기할 때 청소년들은 재미와 즐거움, 자유와 행복을 느끼게 되며 자기가 주인공이 되어 자기주도적으로 학습하는 구도자가 되어갑니다. 이것이 아무런 목적 없는 놀이의 역설입니다.

5. 놀이의 무생산성

놀이에 대해 무관심한 사람도 놀이가 생산적인가 그렇지 않은가 물어보면 대부분 생산적이라고 대답합니다. 이에 대해 전혀 생산적이지 않다는 것이 정답이라고 말하면 이내 수긍하기 어려워합니다. 놀이만큼 훌륭한 교육은 없다고 들어왔기 때문이지요. 어린이들은 놀이를 하면서 협동심을 배우고 대인관계 기술도 익히는데, 이것만 보더라도 놀이가 생산적인 것이 당연하지 않느냐고 말합니다. 지적인 사람일수록 이렇게 생각하는데, 이는 놀이를 경험해보지 못하고 머리로만 생각하기 때문입니다. 다시 말하지만 놀이가 아무런 물질이나 재화를 생산하지 않는 데는 매우 중요한 메시지가 있습니다. 요즈음에 어린이들은 노는 것조차 귀찮아합니다. 재미있게 놀아본 기억이 없어서 그렇습니다. 그래서 "얘들아, 우리 놀자." 하고 말하면 많은 청소년들은 "싫어요.", "귀찮아요.", "유치해요.", "재미 없어요."라거나 심지어 "그거 왜해요?"라고 묻는 아이도 있습니다. 그래도 선생님이 "재미있는 놀이니까 한번 해보자." 하고 다시 권하면 큰 선심이나 쓰는 듯이 "놀면 뭐 줘요?"라고 물어보는 청소년들이 많습니다. 뭘 주면 놀아주겠다는 것입니다. 청소년들은 놀이를 즐기지 못하고 보상받기만을 기대합니다. 예전에는 그렇지 않았습니다. 자기들끼리 놀았지 상품이 오가는 일이 없었습니다. 현대사회는 놀이 대신에 프로스포츠와 도박이 성행하고 있습니다. 놀이가 벌이가 되어버린 나머지 놀이정신이 심각하게 훼손되어버리고 말았습니다. 그 결과 청소년들은 외적 보상이 없는 놀이는 생각조차 할 수 없는 지경에 이른 것입니다. 카이와는 도박도 주고받는 돈을 합하면 항상 제로섬(zeru-sum)이라고 하였습니다. 스포츠 자체가 재화를 생산하지 않는데 프로스포츠는 벌이에서 자유로울 수 없으므로 더 이상 놀이가 아닙니다.

6. 과정 중심

놀이에서는 결과가 그리 중요하지 않습니다. 놀이는 결과 중심이 아니라 과정 중심입니다. 놀이가 이루어지는 과정은 예측할 수가 없어서 놀이하는 자는 잠시라도 긴장을 풀지 못하고 놀이세계에 빠져들게 됩니다. 놀이 과정은 워낙 변화무쌍하고 예측불허여서 놀이하는 자를 지금-여기(here and now)에 집중하게 만듭니다. 이것이 놀이하는 자를 승패의 결과에 영향을 받지 않고 자유로울 수 있게 해줍니다. 비록 패했어도 과정상에서 겪은 온갖 경험들이 드러난 결과와는 비교할 수 없을 정도로 소중하기 때문입니다. 과정에 대한 배려 없이 결과만을 강조하고 있는 학교에서 놀이가 시급한 이유가 여기에 있습니다. 과정 중심의 놀이는 청소년이 지금-여기에서 자기가 주인공이 되어 생동감 있고 도전적이고 창의적인 인간으로 성장하도록 해줍니다.

7. 공동체성

놀이의 특성 중 하나가 공동체성입니다. 김광언(1982)은 우리나라 민속놀이의 대부분이 공동체놀이(94%)이고, 개인놀이는 거의 없다고 하였습니다. 소꿉놀이나 인형 놀이와 같은 개인 놀이에도 공동체 정신이 배어 있습니다. 소꿉놀이 하는 아이를 유심히 살펴보면 거기에는 그 아이만 있는 것이 아닙니다. 놀이세계에서 아이는 엄마, 아빠, 언니, 동생, 아기를 임의로 창조하여 그들과 함께 놀고 있는 것입니다. 놀이에는 다른 사람과의 만남과 사귐이 있습니다. 인간은 타인과의 관계를 통해서 자기가 누구인지 알아가고 자기를 만들어나가는 사회적 동물입니다. 어린이는 친구들과 어울려 놀이를 하면서 대인관계와 사회적 기술을 은연중에 배워나갑니다. 그래서 놀이는 아동과 청소년들이 건강한 사회인으로 성장하는 데 필수적입니다. 친구들과의 교제는 어떤 교육보다 더 많은 학습의 가능성을 제공해줍니다. 놀이를 통하여 친구들과 자유롭게 어울려 놀면서 공동체의식을 함양하며 사회성을 개발해나갑니다. 청소년들은 놀면서 자신을 둘러싸고 있는 사람들의 생활로부터 모든 행위를 경험하게 됩니다.

8. 놀이는 오늘 우리의 삶에 영향을 미칩니다

지금까지 놀이의 속성들을 알아보았습니다. 놀이 속성들은 각기 분리되어 있지 않고 상호 연관되어 하나로 통합되어 있다는 사실을 확인할 수 있습니다. 놀이는 분명히 현실세계에서 이루어지는 것이 아닙니다. 그런데도 허구의 세계에서 가졌던 그 경험이 허구세계에서 그치지 않고, 놀이를 마치고 현실로 돌아와서도 실생활에 고스란히 내재되어 작용하게 됩니다. 하위징아는 이에 대해 특수 상황 속에 함께 있다는 감정, 무엇인가 중요한 것을 공유한다는 감정, 일상세계의 규범을 함께 배격한다는 감정은 개개의 놀이가 계속된 시간을 넘어서까지 그 마력이 지속된다고 하였습니다. 허구세계에서 목적이 없고 전혀 생산적이지 않은 놀이를 하면서 가졌던 느낌, 생각, 그리고 경험들이 오늘의 나를 있게 만들어주었으며 지금-여기를 살아가는 동안 지속적으로 영향을 미치고 있습니다. 놀이는 오늘 우리가 현실을 초월하여 살아가도록 도와주는 힘입니다.

❝인간은 놀이를 통해 우리의 존재를 확인하고 우리의 가치를 인식한다.❞
– Kusyszyn

제 2 장

구조화된 놀이상담

1 구조화된 놀이의 개념

건국 이래 우리나라 교육의 일관된 목적은 전인교육이었습니다. 그런데도 우리는 독립된 온전한 인간과 공동체 정신 실현 이 두 가지 모두에 대해 실패를 거듭해왔습니다. 나는 온전한 인간 실현과 공동체 정신을 회복하기 위한 해답이 놀이에 있다고 믿습니다. 그렇다면 그냥 놀이면 되었지 '구조화된 놀이'는 무엇일까요? 나는 이를 로저스의 참만남 집단(encounter group)을 가지고 설명해보겠습니다. 위대한 심리학자이자 교육자인 로저스는 참만남 집단의 특징을 다음의 네 가지로 설명하였습니다.

1. 참만남 집단은 집단지도자에 의해 사전에 준비된 집단의 목적과 목표를 가지고 있지 않다. 상담자가 집단의 목적과 목표를 일방적으로 정하는 것이 아니라 집단참가자들이 직접 결정하도록 하고 있다.
2. 참만남 집단은 비구조된 집단으로 구조화된 프로그램을 사용하지 않는다.
3. 참만남 집단에서는 상담자가 성패에 대한 모든 책임을 지지 않는다. 상담자는

집단의 주인공인 참가자들의 동반자가 되어 이들과 함께하면서 촉진자의 역할을 하는 것이지 집단을 통솔하거나 이들 위에 군림하지 않는다.

4. 참만남 집단에서 집단의 전 과정이 집단참가자들에 의해 이루어지므로 모든 책임은 우선적으로 집단참가자들에게 있다.

경험해보지 않고는 참만남 집단을 이해하기란 결코 쉬운 일이 아닙니다. 하지만 전술한 놀이의 맥락에서 보면 신기하게도 참만남 집단은 놀이의 속성과 일치합니다. 즉 (1) 참가자 중심의 집단, (2) 참가자의 자발적 참여 보장, (3) 참가자에게 상담의 일차적 책임 부여, (4) 촉진자로서 상담자의 역할은 놀이의 속성과 놀라울 정도로 똑같습니다. 상담자가 집단참가자에게 일방적으로 해답을 제공하는 것이 아니라 참가자가 자기의 실현경향성을 신뢰하고 스스로 해결하고 성장하도록 촉진하는 참만남 집단은 놀이와 신기하게도 정확하게 일치합니다.

로저스는 인간은 원래 완전성과 자아실현성을 가지고 있다고 보았습니다. 그는 상담 목표를 실제로는 존재하지 않으나 완전한 인간을 향해 나아가는 과정상의 인간 실현에 두고 있습니다. 여기서 완전이란 완전에로의 끊임없는 전진을 의미합니다. 인간의 이러한 무한한 가능성을 신뢰하는 로저스는 상담자의 기술을 중요하게 생각하지 않습니다. 인간은 누구나 자아실현 경향성을 이미 가지고 있으므로 상담자의 역할은 내담자가 자신의 실현경향성을 스스로 인식하고 충분히 기능하는 인간으로 나아가도록 촉진하는 데 있다고 하였습니다(Barrett-Lennard, 1998; Rogers, 1961; Rogers, 1967; Rogers, 1994; Shutz, 1974; Corey, 1995; 이형득, 1992).

나는 인간의 무한한 가능성에 대한 기대와 신뢰를 가지고 있는 로저스의 입장에 전적으로 동의합니다. 그는 충분히 기능하는 인간으로의 완성은 사람들이 집단에서 구성원들과의 상호작용을 통해서 가장 효과적으로 이루어진다고 하였습니다. 인간 중심의 집단상담은 인간의 무한한 가능성과 자아실현성에 대한 신뢰를 바탕으로 인간의 전인적인 변화와 성장을 상담의 목표로 하고 있습니다. 객관적인 주제보다는 개인에게 초점을 맞추고 개개인의 행동 변화에 관심을 둡니다. 의도적인 목적을 가진 프로그램을 사용하지 않습니다. 참가자의 개인적 욕구와 의견을 존중하고 집단의 전 과정이 참가자의 자발적인 참여에 의해 이루어지도록 하고 있으므로 상담과정에서 결과에 이르기까지 모든 책임이 상담자에게 있는 것이 아니라 참가자에게 있다고 봅니다.

그는 집단과정에서 내담자의 적극적인 참여와 책임을 처음으로 촉구하였던 사람입니다. 인간은 타고난 실현경향성을 가진 능동적이고, 자율적이며, 전진적인 존재입니다. 상담자는 내담자를 일방적으로 진단·분석·처방·치료하는 치료자가 되어서는 안 된다고 하였습니다. 내담자 스스로 자신의 문제를 인식·이해하고, 해결해나갈 수 있도록 도와주는 촉진자라고 하였습니다(Rogers, 1961, 1967; Barrett-Lennard, 1998; 이형득, 1992).

훈련 집단, 감수성 훈련 집단, 마라톤 집단, 게슈탈트 집단, 실험실 집단 등과 같이 인본주의적 입장을 배경으로 하는 참만남 집단의 제1목표는 개인의 성장과 개인 간의 의사소통 및 대인관계의 발전과 개선입니다(Rogers, 1970: 4). 이를 위해 인간 중심의 촉진적 지도력, 상담 기술보다는 상담자의 자질을 강조하고 집단의 목적을 정하는 일부터 프로그램 진행까지 모든 것을 참가자들이 주도적으로 진행하도록 촉구합니다. 이러한 계획된 집중적 집단경험(planned, intensive group experience)은 참가자들이 개인적 성장과 발달, 그리고 대인관계 의사소통과 인간관계를 증진해나가도록 합니다(Rogers, 1970: 4).[*]

참만남 집단은 게슈탈트 집단, 훈련 집단, 인간관계 훈련, 감수성 훈련, 실험실 집단에서 구조화된 프로그램과 기법을 적극 사용하고 있는 것과는 달리 전적으로 비구조화된 집단입니다. 나는 구조화된 프로그램을 놀이로 진행하게 되면 비효율적이 되기 쉬운 비구조화된 집단의 약점을 극복할 수 있을 것이라고 가정하였으며, 이를 **구조화된 놀이**(structured play)라고 칭하게 되었습니다. 참가자가 구조화된 놀이를 주도적으로 함으로써 구조화된 집단이 점차 비구조화된 집단으로 변화·성장해나가도록 하였습니다.

구조화된 프로그램을 놀이로 하게 되면 집단참가자들은 보다 극적인 경험을 할 수

---

[*] 로저스는 집중적 집단경험에는 훈련 집단(T-Group), 참만남 집단(Encounter Group 또는 Basic Encounter Group), 감수성 훈련 집단(Sensitivity Training Group), 과제 지향 집단(Task-Oriented Group), 감각 자각 집단(Sensory Awareness Group), 창의성 워크숍(Creativity Workshop), 조직개발 집단(Organization Development Group), 팀 만들기 집단(Team Building Group), 게슈탈트 집단(Gestalt Group), 시나논 집단 또는 '게임'(Synon Group 또는 Game) 등의 집단 유형이 있다고 하였습니다(Rogers, 1970).

있을 것이라고 보았습니다. 참가자들은 구조화된 놀이를 통해 경청·수용·지지·공감·건설적인 피드백, 그리고 바람직한 의사소통을 자연스럽고 명료하게 경험할 수 있게 됩니다.

이러한 구조화된 놀이 개념은 김춘경·정여주(2001)의 상호작용놀이와 매우 흡사합니다. 상호작용놀이는 "집단행동을 촉진시키는 촉매제로서, 집단을 유지시키는 도구로서, 집단상담의 문제들을 해결하는 중요한 조력수단으로서 기능한다. 또한 상호작용놀이는 집단과제를 해결하기 위한 요구와 각 개인이 지니고 있는 개인적 욕구들을 연결해주는 역할을 한다. 참가자들은 자신의 사회적 능력은 물론이고 지적 가능성을 놀이 속에 반영할 수 있다. 개인적이고 생산적인 상호작용놀이과정에서 참가자들의 잠재된 자원과 능력이 발휘되고, 이를 통해서 집단의 목적이 달성된다. 상호작용놀이의 장점은 무엇보다 집단상황과 많은 주제와 문제 영역에 실제적으로 적용할 수 있다는 데 있다. 개인적이거나 직업적인 활동에서 활용하는 상호작용놀이는 다음과 같은 자세와 태도, 능력 등을 훈련하고, 발전시키고, 좀 더 세련되게 향상시키는 데 도움을 줄 수 있다. 의사소통 향상, 인식 능력, 관계설명, 자신과 타인의 감정과의 관계, 성격발달, 집단지도, 인생설계, 창의성과 상상력, 결정과정, 사적이고 직업적 역할, 갈등관계, 협동작업, 경쟁적 태도, 지위와 세력의 관계 등이 있다."고 하였습니다.

상호작용놀이는 집단을 보다 쉽고, 편안하고, 수용적인 분위기를 형성하도록 해주면서 치료적 힘을 발휘하게 됩니다. 놀이 활동은 참가자의 지적이고 감정적인 에너지가 문제를 해결하는 방향으로 집결하여 참가자가 집단의 구조와 인간의 관계를 좀 더 잘 경험하게 하고 쉽게 설명할 수 없는 현실을 잘 이해하게 해줍니다. 이런 식으로 참가자들은 실제적으로 위험부담 없이 새로운 행동방식을 배울 수 있고 배운 입장과 태도들을 시험해볼 수 있게 된다고 하였습니다(김춘경, 정여주, 2001).

집단상담에서 구조화된 활동(structured exercise 또는 activity)을 최초로 활용한 사람이 T-집단을 개발한 레빈입니다. 그는 집단의 구체적인 목표를 달성하기 위해 다양한 활동들을 개발하였습니다. 그가 집단에서 활동을 사용한 이유는 다음과 같습니다(Jacobs et al., 2003).

- 활동은 안정수준을 증가시키는 데 도움이 된다.
- 활동은 지도자에게 유용한 정보를 제공한다.
- 활동은 토론을 할 수 있게 하고 집단을 집중시키는 데 도움이 된다.
- 활동은 초점을 이동시킬 수 있다.
- 활동은 초점을 심화시킬 수 있다.
- 활동은 경험학습의 기회를 제공해준다.
- 활동은 재미와 긴장을 완화시켜준다.

　　그러면 구조화된 놀이와 집단에서의 활동이 다른 점은 무엇일까요? 우선 내가 사용하고 있는 대부분의 구조화된 놀이는 기존의 구조화된 프로그램과 동일한 것입니다. 그런데도 구조화된 놀이가 기존의 것들과 현저히 다른 점이 있는데, 그것은 활동을 진행하는 **지도자의 태도**와 **집단과정**에 있습니다. 지도자는 집단참가자들이 자기주도적으로 활동에 몰입하여 놀이가 되도록 촉진합니다. 이와 같이 활동이 놀이가 될 때 놀이가 가진 상담과 치료의 힘이 자연스럽고 강력하게 발휘하게 됩니다. 놀이는 집단원들을 '지금-여기'의 놀이세계로 순식간에 빠져들게 만듭니다. 놀이는 집단원들이 집단에 안전하고 편안하게 참여하도록 이끌어주고 집단에 대한 기대를 한층 높여줍니다. 아울러 집단원들의 상호작용을 촉진함으로써 집단의 역동을 활성화합니다.

　　구조화된 놀이에도 목적과 목표가 있습니다. 하지만 그것들은 집단원들이 스스로 그들만의 독특한 방법을 통해 실현되도록 촉진합니다. 집단원들은 지도자의 의도한 목표와 기대에 따라 움직이지 않습니다. 때로는 집단원들은 지도자가 전혀 의도하지 않은 방향으로 나아가기도 합니다. 놀이의 힘은 집단원들이 스스로 그들만의 독특한 방법으로 느끼고 경험하면서 지도자가 의도한 목적지에 도달할 수 있다는 데 있습니다. 지도자가 의도적으로 이끌지 않았는데도 집단원들과 지도자는 함께 목적을 공유하고 성취하는 감격을 누리게 됩니다. 그들만의 느낌, 생각, 그리고 방법으로 말입니다. 그러므로 지도자는 집단의 목적과 목표를 세운 것이기도 하고 아니기도 한 것입니다.

　　구조화된 놀이에 시나리오가 존재할 수 없는 이유가 여기에 있습니다. 지도자의 생각이 옳아도 집단원들은 의도한 대로 움직이지 않습니다. 그러므로 놀이 집단에서 지도자는 집단원들에게 놀이과정에서 겪는 다양한 느낌과 생각들에 대해 일일이 피드백을 주기보다는 때로는 그대로 놓아두는 마음가짐이 필요합니다. 특히 놀이에 대한 의미부여나 해석을 해주는 일이 없어야 합니다. 지도자는 집단이 기대하는 방향으로 나아가고 있다고 신뢰하게 되면 그대로 놓아두는 것이 바람직합니다. 그래야 집단원들이 지금-여기에 더욱 집중하여 몰입할 수 있습니다. 이렇게 될 때 집단원들은 비로소 지도자가 사전에 의도한 목적에 따라 이끌려가는 것이 아니라 각자 스스로 자기 방법에 따라 그곳에 도달하여 지도자와 만나는 감격을 함께 나눌 수 있게 됩니다. 지도자는 집단원들로 인해 전혀 예상치 못한 느낌과 깨우침의 자리로 초대받는 경우도 종종 발생합니다. 지도자와 집단원들은 의미를 찾는 구도자들의 여정에서 동반자로 만나게 되는 것입니다.

그러므로 구조화된 놀이에서 가지는 경험은 의도적으로 조작된 경험과는 성격이 전혀 다릅니다. 구조화된 놀이의 목적은 집단원들이 이를 통해 가진 경험을 스스로 인식하고, 이해하고, 명료화하고, 나아가 그들의 실생활에서 이를 발현해보도록 하는 데 있습니다. 구조화된 놀이에서는 집단원들이 자발적으로 참여하여 스스로 경험하고, 느끼고, 이해하고, 변화합니다. 구조화된 놀이에서 가지는 경험은 조작적이지 않으며, 그렇게 되어서도 안 됩니다.

② 집단과정에서의 구조화된 놀이

구조화된 놀이는 집단원들의 자발성, 자기주도적인 참여, 그리고 집단의 응집력을 강화시켜주는 탁월한 힘이 있습니다. 구조화된 놀이는 무조건성, 무의도성이라는 놀이의 특성을 고스란히 살리면서 집단원들이 주인공이 되어서 스스로 느끼고 경험하면서 변화하고 성숙하도록 해줍니다.

구조화된 놀이는, 인간은 원래 실현경향성을 가지고 있다고 한 로저스의 인간 이해와 맥을 같이합니다. 구조화된 놀이 집단에서 놀이 그 자체를 목적으로 두고 있는 것은 인간중심상담에서 계획된 어떤 절차나 프로그램을 사용하지 않는 것과 마찬가지입니다.

상담자가 어떤 절차를 시도할 경우에 집단원들이 이를 알고 있어야 하며 그 절차를 선택하는 것은 전적으로 집단원에 달려 있습니다. 로저스가 의도적이고 조작적인 기법을 사용하지 않은 것은 집단원들의 자율과 선택을 중요시하기 때문입니다 (Rogres, 1970).

구조화된 놀이 집단에서 상담자는 집단원이 가지는 경험들을 스스로 지각하도록 도와주고 이를 촉진하는 데 그칩니다. 여기에 구조화된 놀이가 놀이로 이루어지고, 놀이로 남아 있어야 하는 그런 긴장이 있습니다. 구조화된 놀이가 놀이로서 이루어질 때 놀이가 원래 가지고 있는 상담과 치유의 힘이 비로소 자연스럽게 발휘하게 됩니다.

나와 너(표재명 역, 2001)의 저자 부버가 미국에서 로저스와 역사적인 대담을 하였을 때의 일입니다. 부버는 로저스에게 아무리 인간중심상담이라고 하더라도 상담자는 집단상담 환경에서 집단원들을 내담자로 만나야 하는 부담에서 완전히 자유로울 수 없다는 점을 지적했습니다. 그것은 자신이 말하는 나(Ich)와 너(Du)의 관계와는 구별되는 예민한 차이가 있다는 것입니다(Friedman, 1964 : 485-497). 구조화된 놀이에는 부버의 이러한 의도성을 가진 관계가 나와 너의 인격적인 만남과는 사뭇 다르다고 했던 그 긴장이 있습니다.

로저스의 참만남 집단과 구조화된 놀이 집단이 다른 점은 다음과 같습니다.

- 참만남 집단은 집단촉진자가 어떤 목적에 따라 사전에 준비한 프로그램을 사용하지 않으나 구조화된 놀이 집단에서는 구조화된 프로그램을 사용한다.
- 참만남 집단은 집단의 목표를 미리 세우지 않으나, 구조화된 놀이 집단에서는 집단의 주제를 미리 정해놓을 수 있다.
- 구조화된 놀이 집단에서 구조화된 프로그램을 사용하는 목적은 비구조화된 집단을 실현하기 위해서이다.

놀이 집단에서의 구조화된 프로그램은 조작적이지 않습니다. 즉 구조화된 놀이 집단의 지도자는 정해놓은 집단의 목표를 성취하기 위해 의도적으로 집단원들을 유도

하지 않는다는 말입니다. 놀이는 원래 의도적인 목적을 가지고 시나리오에 따라 진행될 수 없습니다.

따라서 지도자는 집단원들이 놀이에 참여할 수 있도록 촉진하고 동기부여하는 것으로 그치는 노력을 지속해야 합니다. 결국 놀이하는 사람이 각자 완전히 자신만의 독특한 느낌, 생각, 경험, 그리고 방법으로 목표에 도달하게 됩니다. 이렇게 될 집단원들은 같은 목표를 공유했으면서도 각자 다른 자기만의 특별한 느낌과 경험을 가지게 됩니다. 지도자의 역할은 집단의 한 일원으로 그들과 함께 놀이에 참여하는 가운데 촉진자로 있는 것입니다.

지도자는 좋은 결과를 위해 놀이를 멋들어지게 하려는 유혹에 빠지는 일이 없어야 합니다. 지도자는 의도적으로 조작적인 시나리오를 사용하는 것도 삼가야 합니다. 놀이는 그대로 놀이일 때만이 그 의미가 남습니다. 나는 놀이의 무조건성, 무의도성이라는 특성을 고스란히 살리는 구조화된 놀이 집단에 자발적으로 참가하여 집단에서 가진 경험들을 구조화하고 이를 통해 변화하는 모습을 늘 목격하고 있습니다.

인간의 자아실현 경향성을 신뢰하는 지도자는 집단원이 스스로 즐기고 체험하고 성장할 수 있다고 믿습니다. 집단원들이 각자 자기만의 독특한 방법으로 즐기면서도 모두 서로 다른 모습에서 함께 만나고 공감하며 공유할 수 있습니다. 놀이는 절대로 가르칠 수 없습니다. 놀이지도자는 놀이터를 마련해주고 아주 제한적으로 동기를 부여할 뿐입니다. 놀이터에서 주인공은 놀이하는 사람입니다.

구조화된 놀이에서 놀이는 도구가 아닙니다. 놀이 자체가 놀이를 하는 이유이고 목적입니다. 구조화된 놀이는 크라메르(Kramer, 1971)가 미술을 치료의 매개체로 사용하는 심리치료(art in therapy)가 아니라 미술활동 자체가 치료 기능을 가지고 있어서 '작품을 만드는 과정'을 치료(art as therapy)라고 보는 것과 같습니다. 그녀는 미술활동을 통하여 내담자가 파괴적·반사회적 에너지를 방출함으로써 자신을 정화시킬 수 있으며 그림을 그림으로써 자신의 원시적 충동이나 환상을 접하고 그 갈등을 재경험하고 자기 훈련과 인내를 배우는 과정에서 해결·통합해나간다고 하였습니다. 따라서 크라메르가 주장하는 치료자의 역할은 내담자의 그림을 해석하는 데 있는 것이 아니라 내담자가 스스로 승화와 통합을 하는 과정을 도와주는 것입니다(김순혜, 2004).

다음은 구조화된 놀이의 장점을 정리한 것입니다.

- 참가자의 내적 동기를 유발시켜 창의적이고 자기주도적이 되도록 촉구한다.
- 놀이는 참가자들이 호기심과 기대를 가지고 재미있고 즐거운 마음으로 참여하도록 해준다.
- 놀이가 가진 재미와 즐거움이 참가자들에게 안정감과 긍정적인 태도를 가지도록 해준다.
- 놀이는 참가자들의 불안을 해소하여 방어기제를 쉽게 내려놓을 수 있도록 도와준다.
- 놀이는 참가자들이 '지금-여기'에서의 느낌, 생각, 그리고 경험에 몰입하도록 해준다.
- 놀이는 집단 초기의 불안을 감소시켜주고 집단원들 간의 친밀한 인간관계를 형성해준다.
- 놀이는 집단의 역동을 활성화한다.
- 놀이는 참가자들의 상호작용을 촉진하고 응집력을 강화시켜준다.
- 놀이는 대집단에서도 가능하며 인간중심적인 집단을 유지·발전시킬 수 있도록 해준다.
- 놀이규칙은 참가자들이 집단규칙, 규범을 쉽고 이해하고 편안하게 준수할 수 있도록 해준다.
- 놀이는 지도자와 참가자들이 상담기술을 이해하고 편안하게 활용할 수 있도록 해준다.
- 놀이는 참가자들이 결과 중심에서 벗어나 과정에 관심을 기울이도록 해준다.
- 놀이의 심리사회적 요소들은 참가자들의 사귐, 나눔, 조력, 협동, 책임의식을 촉진시켜준다.
- 놀이는 참가자들이 자유, 자율, 절제, 책임 등에 관한 인성을 계발하도록 하는 데 탁월한 힘이 있다.
- 놀이는 참가자들로 하여금 그들에게 적용된 학습기제를 이해하고 평가할 수 있도록 촉구한다.

• 놀이에서 가진 느낌·생각·경험은 실제 생활에서의 문제와 장애를 극복하는
데 도움이 된다.

집단의 발달과정

1. 초기 단계

집단참가자들은 집단에 대해 세 가지 기본적인 욕구, 즉 소속의 욕구, 인정받고자
하는 욕구, 그리고 존중받고자 하는 욕구를 가지고 있습니다. 소속의 욕구는 타인으
로부터 관심받기를 원하고 타인의 흥미를 끌기 원하는 욕구입니다. 집단에서 이 욕
구를 충족하지 못한 사람은 집단에서 소외감, 외로움, 고독감을 느끼게 되고 침묵하
거나 공격적이 되는 등 다양한 방법의 방어기제를 동원하게 됩니다.

일반적으로 집단참가자들은 집단에 들어오는 순간부터 '집단에 참여할 것인가?',
'다른 집단원들이 나를 받아들일 것인가?', '어느 정도 나를 드러내 보일 것이며 그
들을 신뢰할 수 있을까?', '따돌림당하지는 않을까?' 하는 등의 문제로 두려워합니
다. 대부분의 참가자들은 집단에 대한 기대보다는 걱정, 불안, 불신이 앞서기 때문
에 부정적인 반응부터 드러냅니다.

놀이 집단 참가자들도 다르지 않습니다. 그들은 대부분 어색하고 불안하고 불편한
마음을 가지고 집단에 들어옵니다. 특히 비자발적인 집단원들은 처음부터 저항하거
나 극도로 무관심한 태도로 일관합니다. 아무런 기대나 의욕 없이 무기력하고 무표
정한 청소년들을 만나는 지도자들은 당황하게 됩니다. 일반적으로 집단참가자들은
기대 대 불안, 신뢰 대 불신의 양가감정을 가지고 있으며 어느 정도 동기화되어 있
더라도 이들이 드러내는 방어적인 탐색, 저항, '공적 이미지(public image)'만 드러내
기, 신뢰감 결핍, 약한 응집력, 불안 심리 드러내기 등과 같은 부정적인 반응은 자연
스러운 보편적 현상입니다.

다음은 집단 지도자가 첫 회기에서 고려해야 할 사항들입니다. (1) 집단 시작하기,
(2) 집단원들 간 사귐, (3) 긍정적 분위기 조성, (4) 집단의 목적 확인, (5) 지도자의
역할 설명, (6) 집단활동에 대한 설명, (7) 집단원들이 기대를 표현하도록 돕기, (8)

참여 유도, (9) 실습(exercise)하기, (10) 집단원의 편안함의 수준 확인, (11) 규칙 설명, (12) 사용될 용어 설명, (13) 집단원의 상호작용 유형 사정(평가), (14) 집단원 제지하기, (15) 내용에 초점 맞추기, (16) 질문하기, (17) 타집단원들과 시선 맞추기, (18) 첫 회기 종료입니다(Jacobs et al., 2003: 101, 102).

집단지도자의 역할

집단의 초기 단계에서 지도자는 우선적으로 집단원들이 가지고 있는 예기불안과 초기저항을 지혜롭게 다루어야 합니다. 참가자들의 저항은 어느 정도 집단에 대한 기대를 반영하고 있다는 점에서 반드시 부정적인 것만은 아닙니다. 그러므로 지도자는 집단참가자들의 두려움에 귀를 기울이고 이들이 충분히 이를 표현하도록 도와줄 수 있어야 합니다. 지도자가 참가자들의 초기불안과 저항이 두려워서 슬쩍 외면하거나 적극적으로 직면하지 않는다면 집단은 시작하기조차 어려워집니다. 지도자는 참가자들이 자신의 불안과 저항을 충분히 드러내낼 수 있도록 지지, 수용, 존중하는 노력이 필요합니다. 그래야 참가자들은 집단에 대해 안정감과 기대를 가지고 능동적으로 참여하기 시작합니다. 그러므로 집단지도자의 진솔하고 일관되며 개방적이고 긍정적이며 수용적이고 열정적인 자세가 매우 중요합니다.

2. 과도기 단계

일반적으로 초기 단계에서 작업 단계로 넘어갈 때 과도기를 거치게 됩니다. 과도기에는 집단원 개개인과 집단 내의 불안수준이 높아지고 방어적인 태도, 집단원들과 지도자, 집단원들 상호 간에 주도권 다툼과 갈등이 고조되며 지도자에 대해 집단원들의 저항 행동이 증가하는 등의 부정적인 모습이 나타납니다. 집단원들이 가진 불안과 방어심리가 다양한 형태의 저항으로 나타나는 것입니다.

과도기에 불안수준이 고조되는 것은 집단원들이 가진 두려움과 밀접한 관련이 있습니다. 집단원들은 다른 집단원들로부터 거절당할 것 같은 두려움, 바보 취급을 당할 것 같은 두려움, 자기의 실제 모습이 알려지면 배척당할지 모른다는 자기개방에 대한 두려움, 집단 밖에서 집단원들을 만날 때의 두려움, 판단받을 것에 대한 두려움, 의존적이 될 것 같은 두려움, 신체접촉에 대한 두려움 등으로 불안해합니다.

지도자가 이러한 불안과 방어심리가 유발하는 여러 가지 저항을 지혜롭게 다루게 되면 집단은 생산적인 작업 단계로 이어지게 됩니다. 반대로 지도자가 이를 외면하거나 효과적으로 다루지 못하면 집단은 정체 또는 퇴행해버리게 됩니다.

지도자는 무엇보다도 집단의 과도기 단계에서 드러나는 불안, 저항, 방어 등을 당연히 여기고 이를 건설적인 방향으로 지도할 수 있어야 합니다. 집단의 규범이 점차 분명해지고 집단원들이 상호 더 많이 알기 시작하면서 이들은 자신이 집단 내에서 더 많은 영향력을 행사하고자 실험을 벌이고 있는 것입니다. 집단원들이 상호 수용하기보다는 상대방에게 적대감을 드러내고 비판, 충고, 조언하는 등 공격성을 보이는 것도 이러한 이유 때문입니다.

집단지도자의 역할

집단의 과도기 단계에서 지도자는 집단 안에 존재하는 불안, 갈등, 방어심리에서 나오는 저항을 당연하게 보고 긍정적으로 이해하여 이를 직면할 수 있어야 합니다. 지도자는 이를 자기만의 과제로 생각해서는 안 됩니다. 지도자는 집단원들로 하여금 자신의 저항행동을 인식하고 이해하도록 도와주십시오. 그렇게 함으로써 집단원들이 이에 직면하여서 스스로 해결할 수 있도록 용기를 북돋워줄 필요가 있습니다.

과도기 단계에서 집단지도자의 역할은 다음과 같습니다.

- 집단원들을 진실하고 일관되게 수용, 지지, 존중한다.
- 집단원들이 자신의 불안, 저항, 방어행동 등을 인식하고 올바로 이해할 수 있도록 도와주고, 이를 건설적으로 다루도록 도와준다. 갈등이 없으면 변화도 없다. 불안은 변화를 향한 조짐이다.
- 집단원들의 갈등 상황이나 부정적인 표현을 기꺼이 드러내고 이를 직면하도록 한다. 집단원들의 부정적인 감정 표현을 제한하게 되면 오히려 집단 내에 불신하는 분위기가 자리 잡게 된다.
- 집단원들이 자신의 부정적인 행동과 이에 대응하는 방어기제를 인식할 수 있도록 도와준다.
- 직면이 잘못되거나 신뢰관계가 조성되지 않은 상황에서 성급히 이루어지면 집

단원들은 방어적이 되어서 문제는 해결되지 않은 채 숨은 안건으로 감춰지게 된다. 성급한 직면은 삼가야 한다.

- 지도자는 집단원들이 '지금-여기'의 느낌과 경험에 집중할 수 있도록 도와준다.
- 집단원들이 기본적인 의사소통 기술을 이용하여 바람직한 대인관계를 학습하도록 도와준다.
- 구성원을 속죄양으로 만드는 일이 있어서는 안 된다. 낙인은 당사자에게만 불행을 가져다주는 것이 아니라 집단 전체에 지속적으로 악영향을 미친다.
- 집단지도자는 본인 스스로 집단 내에서 성숙한 모범이 되도록 한다. 앞에 언급한 상담자의 모습을 말과 행동으로 집단원들에게 제공하는 모델링이 되어야 한다. 지도자의 모델링은 집단원들을 변화시키는 가장 강력한 힘이다.

집단지도자가 이상의 역할로 집단과정에 적극적으로 참여하여 집단원들의 불안과 방어심리를 다루면서 집단원들이 긴밀한 상호관계를 촉진하고 응집력을 향상시켜 주게 되면 집단은 생산적인 방향으로 나아가게 됩니다.

3. 작업 단계

과도기 단계에서 생산적인 작업 단계에 이르면 초기불안과 저항이 현저히 줄어들게 되어 집단원들은 집단을 이해, 신뢰, 기대하게 되면서 책임감을 가지고 집단에 자기주도적으로 참여하기 시작합니다. 집단의 응집력이 강화되는 분위기에서 자기의 문제를 집단에 가져와서 솔직하게 자기를 개방하고 이를 적극적으로 해결해보려는 용기 있는 행동을 시도하는 집단원들이 나타나기 시작합니다.

생산적인 작업 단계의 특징을 요약하면 다음과 같습니다.

- 방어와 불안심리로 인한 긴장감과 저항이 점차 사라지고 집단에 대해 안정감, 신뢰, 기대감이 고조된다.
- 집단원들이 상호 신뢰, 지지, 수용하고 개인차를 인정하게 되면서 집단의 응집력이 증가한다.
- 집단의 주제를 탐색하고 공동주제를 확인하면서 실제로 이를 실현하려는 노력

을 기울인다.

- 집단원들이 집단에 자기주도적이고 적극적으로 참여하기 시작한다.
- 집단원들이 '지금-여기'의 느낌, 생각, 경험에 초점을 맞추게 된다.
- 집단원들이 자신의 문제에 대해 두려워하지 않고 기꺼이 직면하여 해결하려고 시도한다.
- 집단원들이 집단의 규칙, 규범을 잘 지키고 책임의식이 강화되며, 집단의 규범에서 벗어나려는 사람들에게 압력이 가해진다.
- 더욱 개방적이 되어가면서 다른 집단원들과 직접적이고 의미 있는 상호작용이 이루어진다.
- 집단원들이 즉각적으로 대인감정을 표현하고 개방적이고 자유로운 의사소통이 이루어진다.
- 집단원들 사이에 보다 즉각적이고 솔직한 피드백이 이루어진다.
- 집단지도자로부터 벗어나기 시작하면서 집단원들이 점차 집단의 주인공이 되어 간다.
- 집단원들은 자기와 다른 사람의 문제에 집중하면서 상호 치유 능력을 발휘하게 된다.

집단이 생산적이고 치유적으로 되어갈수록 집단원들은 집단에 대한 기대와 목적이 뚜렷해지고 자신의 문제를 집단에서 탐색하려는 의지가 분명해집니다. '지금-여기'에서의 느낌과 생각에 몰두하면서 자기와 다른 사람을 있는 그대로 수용하고 존중하게 됩니다. 위기와 갈등을 두려워하여 회피하려 하지 않고 기꺼이 직면하여 적극적으로 이를 해결하려는 모습을 보입니다. 집단에 대한 신뢰와 기대가 커지면서 보다 적극적인 자기개방과 즉각적이고 솔직한 피드백이 이루어지고 집단원들 상호 간에 친밀하고 신뢰할 수 있는 대인관계가 강화됩니다. 집단원들은 조력관계를 이루고 치유적인 힘을 발휘하여 상호 영향을 미칩니다.

집단지도자의 역할

지도자는 집단이나 집단원들의 문제를 해결하거나 어떤 결정을 대신 내려주지 않도록 하십시오. 또한 그럴 수도 없습니다. 지도자는 집단원들이 자기의 문제를 인식하고 이해하고 직면하여 판단하여 자기가 스스로 결정할 수 있도록 도와주는 조력자요, 후견인입니다. 집단원들이 자신에게 의존적이지 않도록 도와주는 것도 지도자가 담당할 몫입니다.

지도자는 집단상담의 장점을 최대한 활용하여 집단원들이 상호 치유적인 조력관계를 맺을 수 있도록 도와주어야 합니다. 이를 위해 집단원들이 상호 바람직하고 효과적인 대인관계 의사소통이 이루어지도록 이들에게 기본적인 의사소통 기술을 알려주고 이를 적극 사용하도록 지지해주십시오. 예를 들면 1인칭 언급(I-message), '그때-거기'(there and then)가 아닌 '지금-여기'의 감정·생각·경험에 집중하기, 적극적인 경청, 자기개방, 피드백 등이 기본적 의사소통 기술에 해당됩니다.

집단 내에서 안전하고 신뢰할 수 있는 대인관계가 이루어지기 위해서는 '비밀보장'이 반드시 필요합니다. 지도자는 집단원들에게 집단 내에서 나눈 대화와 일들이 집단 밖으로 나가지 않도록 비밀보장의 중요성을 충분히 알려주고 이를 지킬 수 있도록 도와주십시오. 지도자는 집단원들에게 자기가 집단에서 다른 집단원들을 믿고 나눈 이야기가 '누가 …했더라'는 식으로 집단 밖의 다른 사람으로부터 이야깃거리로 들려오게 될 경우를 생각해보도록 하십시오. 만약 그런 일이 실제로 벌어진다면 그 당사자가 받을 상처는 얼마나 크겠습니까? 그러므로 다른 사람들이 들어도 괜찮을 것 같은 하찮은 이야기라고 할지라도 집단 밖에서 절대로 하지 않겠다고 다짐하는 절차를 거칠 필요가 있습니다.

집단에 용기를 내어서 자기개방을 시도하는 집단원들이 나타나기 시작합니다. 한 집단원이 자기 문제를 솔직하게 드러냈을 때 다른 집단원들이 자기를 있는 그대로 수용하고 지지하고 이해받는 느낌을 가지게 되면 안도하게 되고 집단을 더욱 신뢰하게 됩니다. 자신의 고민거리를 진솔하게 드러내고 나누는 동안 집단원들은 그것이 자기만의 문제가 아니라는 사실을 깨닫고 놀라워합니다. 흥미로운 사실은 집단원들이 가진 공통적인 문제나 고민거리들이 집단원들의 응집력을 높여주는 구심점이 되고 신뢰감을 높여준다는 점입니다. 일반적으로 집단원들이 가진 보편적인 주제는 열등감, 죄책감, 거부당하고 버림받을 것에 대한 두려움, 가까워지고 싶은 욕구 대 가까워지는 것에 대한 두려움, 부모와의 갈등, 성적인 죄책감, 과거의 고통스러운 추억

등입니다. 집단원들은 신뢰와 기대가 높아지고 소속의식이 분명해지면서 집단원들 상호 간에 응집력이 높아집니다. 집단의 응집력이 높아지면 집단원들은 서로 수용하고 도와주면서 보다 더 의미 있는 관계를 형성하는 방향으로 전진하게 됩니다.

한편 집단에 대한 신뢰와 응집력이 상승함에 따라 집단원들 사이에는 부정적인 느낌을 언급해서는 안 될 것 같은 부담이 자리 잡기 시작합니다. 좋은 분위기를 깨지 말아야 할 것 같은 그릇된 신념, 좋은 말만 해야 할 것 같은 부담은 집단을 오히려 정체 내지는 퇴행하게 만듭니다. 지도자는 집단원들이 자기가 가진 부정적인 느낌들을 자유롭게 즉각적으로 드러낼 수 있도록 권하십시오. 평가, 분석, 칭찬, 비난, 조언, 충고, 위로에서 벗어나 솔직하고 즉각적이며 부정적인 언급은 집단을 보다 신뢰할 수 있도록 편안하게 만들어줍니다.

얄롬(Yalom, 1993)은 응집력이 없는 집단원들과 비교하여 응집력이 높은 집단이 가진 치료적 요인에 대해 다음과 같이 언급하였습니다.

- 다른 집단원들에게 영향력을 행사하기 위하여 더욱 열심히 노력할 것이다.
- 다른 집단원들로부터 영향을 받기 위하여 더욱 개방적이 될 것이다.
- 다른 사람의 말을 경청하려 하며 다른 사람들을 보다 더 수용할 것이다.
- 집단 내의 긴장으로부터 더 큰 안정과 안심을 경험할 것이다.
- 모임에 더 기꺼이 참여할 것이다.
- 집단의 규범을 잘 지키고 규칙을 지키지 않는 다른 집단원에게 압력을 가할 것이다.
- 어떤 집단원이 탈퇴했을 때 그로 인해 집단이 와해되는 것에 덜 민감할 것이다.

응집력은 자기개방, 위험 감수, 그리고 집단 내의 갈등을 성공적으로 치료하도록 촉진하는 건설적인 표현이 가능하도록 해줍니다.

4. 종결 단계

집단상담의 목적은 집단참가자들이 집단에서 배우고 경험한 것이 실생활 현장에서 영향을 미쳐 이들이 지속적으로 성장하여 보다 건강하고 행복한 삶을 누리도록 도와주는 데 있습니다. 그러므로 집단에서의 유익한 경험으로만 그친다면 그 집단상담은 무의미합니다. 집단의 종결 단계에서 집단원들은 집단을 시작할 때 자신이 세운 목표를 어느 정도 달성하였는지 정리ㆍ평가하게 됩니다. 집단지도자는 집단의 준비 단계에서 집단원들과 개별적으로 가진 면접기록을 보고 이들이 어느 정도 변화하고 성장하였는지를 판단하고 집단을 종결하는 과정을 밟습니다.

집단지도자의 역할

종결 단계에서 집단지도자는 집단참가자들이 집단에서 배우고 느낀 유익한 경험을 정리하고 이들이 실생활 현장에서 이를 적극적으로 활용할 수 있도록 도와주는 역할을 하게 됩니다. 집단원들 간에 친밀하고 의미 있는 관계를 경험한 집단원들은 대부분 집단이 종결되는 것을 아쉬워합니다. 응집력이 강한 집단일수록 집단원들은 집단이 종결되어 헤어져야 한다는 것을 슬퍼합니다. 그들은 집단에서 분리되어야 한다는 것에 대해 두려움과 불안을 느끼기도 합니다. 집단에 들어올 때보다 떠날 때의 불안과 두려움을 더 크게 느끼는 집단원들도 종종 있습니다.

지도자는 집단원들이 지금까지 집단상담을 하면서 배우고 경험하고 변화하고 깨우친 것들이 무엇인지 곰곰이 돌아보도록 하십시오. 그런 다음 한 사람씩 돌아가면서 이를 구체적으로 진술해보도록 합니다. 지도자는 집단원들이 진술한 구체적인 사건과 경험에 대해 종종 피드백을 건네줌으로써 이들이 이를 보다 명확히 이해하고 통찰할 수 있도록 도와줄 필요가 있습니다.

집단에서 가진 특별하고 소중한 친밀한 관계가 실생활에서는 실현 불가능할 것이라고 생각하는 집단원들이 있습니다. 그 집단에서만 가능한 관계라면 그런 경험은 무익합니다. 지도자는 그런 집단원들에게 집단에서 가진 특별한 인간관계의 경험은 거저 얻는 것이 아니라 그들이 그동안 치열하게 노력한 결과로 획득한 열매라는 사실을 상기시켜주십시오. 집단에서의 경험은 실생활에서 실현하기 힘든 것이 사실입니다. 하지만 우리는 이제 집단을 통하여 상호 돌보는 친밀한 인간관계가 가능하며 이를 위한 마음가짐과 대인관계 기술을 알게 되었으므로, 이를 실생활에서 노력한다면 충분히 가능합니다.

집단지도자는 종결 단계에서 집단원들에게 집단에서 배우고 경험한 것들을 지속적으로 시도해보도록 격려해주십시오. 이를 위해 집단원들에게 집단을 종결하는 마지막 회기에 다짐의 글을 쓰게 하여 돌아가면서 발표해보도록 할 수 있습니다. 그리고 종결된 이후에도 집단원들이 상호 연락하고 조력관계를 유지하도록 지지해주십시오. 마지막으로 지도자는 집단원들에게 집단이 종결된 후에도 집단에서 경험한 일들에 대해 비밀을 지켜야 한다는 사실을 다시 한번 강조해둘 필요가 있습니다.

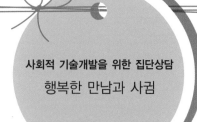

사회적 기술개발을 위한 집단상담

행복한 만남과 사귐

PART 2

실제편

제 3 장

프로그램
소개

1 프로그램의 필요성

요즘의 청소년들은 다른 사람들과 관계를 맺으려고 하지도 않습니다. 관심도 없고 기대하지도 않습니다. 예전에는 등하교 때 지하철은 학생들의 떠드는 소리로 요란했는데 이제는 그런 광경을 찾아보기가 힘들어졌습니다. 모두가 귀에 이어폰을 끼고 있고 스마트폰으로 게임하고 있거나 핸드폰을 만지작거리는 사람들만 있을 뿐 대화를 나누는 사람들조차 없습니다.

청소년기는 아동기에서 성인기로 넘어가는 중간 단계로, 신체적·사회심리적으로 복잡한 변화와 발달과정을 겪는 중요한 시기입니다. 부모로부터 독립되기 시작하는 중·고등학생들은 부모보다는 또래 친구들로부터 더 많이 영향을 받습니다. 청소년은 또래관계 속에서 자기정체감을 형성하고 타인과의 관계를 확장해나가면서 성인이 되어갑니다. 그래서 또래 친구들과 친밀하고 바람직한 인간관계를 형성하고 이어나가는 경험은 청소년기에 꼭 필요합니다. 청소년기에 누구와 어떤 관계를 맺느냐에 따라 그들의 앞날이 결정될 정도로 바람직한 대인관계 경험은 매우 중요합니다.

그런데 오늘날 우리 학교와 사회는 물론이고 외동자녀가 대부분이다 보니 가정에서도 사람을 사귈 수 있는 기회조차 없습니다. 우리나라는 OECD 국가 중에서 출산율이 최저인데다 가족 해체로 인한 한부모 가정, 조손 가정, 외동 자녀를 둔 맞벌이 부부들이 급증하면서 청소년들은 사람들을 쉽게 만날 수조차 없는 지경에 이르렀습니다. 그로 인한 피해는 고스란히 청소년들에게 돌아가고 있습니다. 우울·불안·고독감으로 인한 자살, 대인기피·학교 부적응·학교폭력·성폭행·비행 및 일탈 등 반사회적 행동이 급증하는 것은 모두 이 때문입니다.

이 프로그램은 이런 위급 상황에 처한 중·고등학생 청소년들에게 집단활동 경험을 제공함으로써 그들 스스로 사회적 기술을 개발할 수 있도록 하기 위해 준비되었습니다. 이제는 더 이상 머뭇거릴 수 없습니다. 학교와 청소년 단체들이 적극적으로 나서야 합니다. 예전에는 아동과 청소년들에게 대인관계를 위한 기본적 의사소통 기술과 사회적 기술을 별도로 교육할 필요가 없었습니다. 가정에서 부모들이, 지역사회에서 마을 어른들이 일상생활 중에 공식·비공식적으로 가르쳤고, 또래 친구들과 함께 신나게 놀면서 사회성 기술과 덕목을 자연스럽게 체득할 수 있었습니다. 하지만 이제는 이를 더 이상 기대할 수 없는 시대가 되어버렸습니다.

② 프로그램의 성격과 특성

'행복한 만남과 사귐' 집단상담은 청소년들이 축소된 사회인 집단에서 다른 사람들과 안전하고 바람직한 인간관계를 맺는 가운데 대인관계 및 의사소통에 필요한 기본적 기술을 습득하고, 건강한 사회인으로 갖추어야 하는 덕목과 품성을 계발하도록 하기 위한 경험 집단입니다.

이 집단상담은 초등·중등·고등 학생 전 연령층을 대상으로 하는 기존의 집단상담과는 상당한 차이점이 있습니다. 일반적으로 모든 집단 프로그램은 각 회기별 목표가 있는데, 구조화된 놀이 집단에서는 각 회기별 목표를 강조점으로 대체하였습니다. 학교에서 하는 집단 프로그램은 대부분 6~8회기에 회기당 시간이 40~50분밖에 되지 않습니다. 그 짧은 시간에 회기별 목표를 성취한다는 것은 현실적으로 불가능하다고 생각합니다. 그래서 이 구조화된 놀이 집단은 회기별 목표를 따로 두지 않고 집단의 목적과 목표를 집단의 시작과 종류까지의 전 과정을 통하여 성취할 수 있도록 하였습니다. 회기별 강조점은 지도자가 해당 회기에서 중점적으로 관심을 가질 필요가 있는 주제입니다. 시작부터 종결에 이르는 집단의 전 과정에 걸쳐서 청소년들이 사회적 기술을 개발하고 향상시킬 수 있도록 하였습니다. 지도자는 집단과정에 개입하여 청소년들이 기본적 의사소통 기술 및 대인관계 기술을 개발하고 증진시키도록 촉진하는 역할을 합니다. 지도자는 놀이규칙 엄수·시간 관리·경청·피드백·수용·지지·공감 등의 면에서 청소년들에게 모범이 되어야 합니다.

다음은 사회적 기술개발 집단상담 프로그램 '행복한 만남과 사귐'의 특징을 요약한 것입니다.

- 집단의 시작부터 종결에 이르기까지 전 과정에 걸쳐 놀이로 진행된다.
- 집단참가자 중심으로 이루어지는 경험 및 협동학습이다.
- 몸의 적극적인 참여가 이루어지는 통합적인 집단활동이다.
- 소집단(8~15명)에서 중·대집단(20~40명)에 이르는 모든 집단에서 활용할 수 있다.
- 문제해결에 집중하기보다는 전인적 성장에 관심을 둔다.
- 참가자 중심의 활동으로 하는 집단상담이다.

 목적과 목표

1. 목적

'행복한 만남과 사귐' 집단상담 프로그램은 청소년들이 안전하고 행복한 집단활동을 경험하면서 건강한 사회인으로서 필요한 대안관계와 의사소통 기술을 자발적으로 학습하고 향상시키도록 하는 데 목적이 있습니다.

2. 목표

이 프로그램의 주요 목표는 다음과 같습니다.

- 청소년들이 즐거움, 자유, 행복이 있는 공동체 생활을 경험하도록 한다.
- 청소년들이 자기를 이해하고 수용하며 존중할 수 있도록 한다.
- 청소년들이 타인을 이해하고 수용하며 존중할 수 있도록 한다.
- 청소년들이 성숙한 사회인으로 필요한 덕목과 품성을 계발·함양한다.
- 청소년들이 기본적인 의사소통 기술과 대인관계 기술을 습득한다.
- 청소년들이 이웃과 더불어 사는 공동체 정신을 계발한다.

3. 구체적 목표

이상의 목표를 실현하기 위한 구체적인 하위 목표는 다음과 같습니다. 수용, 존중, 적극적 경청, 공감, 자기개방, 피드백, 자기통제, 다른 사람의 권리 존중, 이타적 행동, 자기 행동에 대한 책임의식, 준법정신, 절제, 신뢰, 의지, 감정 다루기, 분노 조절, 갈등해결, 거절하기, 또래압력 다루기, 집단압력 다루기, 문제해결 능력, 목표 세우기 등입니다.

　제한된 집단경험을 통해 이상의 목표들을 성취한다는 것이 비현실적이고 무모해 보일 것입니다. 단기간의 집단을 통해 이러한 수많은 주제를 다루는 것 자체가 불가 능할 정도입니다. 하지만 이것들은 놀이에 참여한 학생들 사이에서 항상 드러나는 자연발생적인 감정, 사건, 상황, 그리고 주제들입니다. 구조화된 놀이 집단에서 지 도자는 촉진자이면서 동시에 집단참가자로서 집단에 참여합니다. 지도자는 '지금- 여기'의 놀이세계에 들어가서 집단참가자들(청소년) 간에 발생하는 사건과 상황에 대응하여 적절한 피드백과 모범(모델링)을 보이는 지도력을 발휘하는 과정에서 이상 의 다양한 주제들을 다룰 수밖에 없게 되는 것입니다. 지도자의 사명은 학생들을 가 르치는 것이 아닙니다. 어린이들이 직접 놀이에 참여하여 다른 친구들과 즐기는 과 정에서 자연스럽게 사회적 기술을 스스로 개발하고 향상시켜나갈 수 있도록 하는 기 회와 정보를 제공하는 것으로 그들을 도와주고 촉진해주는 것이 지도자에게 부여된 숭고한 사명입니다.

4 프로그램의 구성

1. 집단 구성과 집단의 크기

일반적으로 상담집단의 적정 인원은 6~12명 정도이며 15명을 넘지 않게 되어 있습니다. 집단구성원 수가 20명만 넘어도 집단상담을 하기에 매우 어렵다고 생각하여 시도조차 하지 않는 경우가 많습니다. 1980년대부터 집단을 운영해오면서 그런 원칙을 지켰다면 그 당시에는 집단상담을 아예 시도조차 할 수 없었을 것입니다. 2000년대 초기까지 내가 만나야 했던 집단은 대집단이라고도 할 수 없을 만큼 큰 거대집단들이 대부분이었기 때문입니다.

놀이로 하는 구조화된 집단상담은 우리나라의 이러한 열악한 환경과 여건을 극복하기 위하여 현장에서 꾸준히 실험하면서 개발한 집단 프로그램입니다. 그 당시는 대집단(때로는 거대집단)에, 턱없이 부족한 시간, 집단활동/상담이 불가능한 시설(공간), 보조지도자의 부재, 형편없이 부족한 예산, 참가자 중심의 집단활동에 대한 몰이해, 여기에 참가자 중심의 촉진적 지도자의 부재 등 한 생명을 존중하고 집중하고 세우는 데 필요한 여건 중 어느 하나 제대로 준비된 것이 없었던, 그야말로 총체적 난국인 상황이었습니다. 나는 이러한 열악한 현실을 직시하고 이를 해결할 수 있는 구체적이고 실천적인 대안을 마련해야 했는데, 이것이 바로 놀이로 하는 구조화된 집단상담(이하 집단상담)입니다.

1990년대에야 비로소 학교의 한 학급당 평균 학생 수가 40명 정도가 되었습니다. 나는 지도자 한 사람이 중간 집단을 인도하는 보조지도자 없이 40명으로 구성된 집단을 운영하는 모델을 만들기로 하였습니다. 학기 중에 보조지도자를 구하기가 현실적으로 불가능했기 때문입니다. 이를 극복하기 위해서는 집단구성원(청소년)들이 자발적으로 참여하여 촉발된 집단응집력을 활성화하여 상호 긍정적인 영향을 미치고 변화할 수 있도록 하는 길밖에 없었습니다. 이렇게 하여 놀이로 하는 구조화된 놀이 집단이 만들어졌습니다.

구조화된 놀이 집단의 이상적인 학생 수는 상담집단보다 조금 많은 20명 내외입니다. 구조화된 집단상담은 성격상 참가자 중심의 집단활동(group activity)에 가까우며 집단구성원 수는 15~25명이 가장 적당합니다. 이 책에서 소개하는 프로그램도 15~25명의 집단을 기본으로 하고 있습니다. 구성원이 30~40명인 대집단을 예로 설명하겠습니다. 지도자 한 사람이 전체 집단이 활동에 따라 수시로 나누어집니다. 예를 들어 30명인 경우에는 8~10명씩 3~4개 소집단으로 운영하고, 40명일 때는 4~5개 소집단으로 나누도록 합니다. 이렇게 나누어진 소집단에서는 2명, 3명 또는 4명 이상으로 수시로 조가 나누어지기도 합니다. 그러면서 집단원들은 소집단 내에서 계속적으로 다른 사람들과 만나게 됩니다. 소집단 구성도 유동성이 있어서 참가자들은 다른 소집단으로 이동하고, 전체 집단으로 진행됩니다.

2. 기간

1) 회기 : 10회기

사회적 기술개발 프로그램 '행복한 만남과 사귐'은 10회기를 기본으로 구성하였으며, 상황에 따라 6~8회기로 줄이고, 때로는 12~15회기로 재구성할 수 있도록 하였습니다. 그리고 1박 2일, 2박 3일에 걸쳐 계획된 집중적 집단경험으로 진행할 수도 있습니다.

2) 회기별 시간 : 30/40분

이 책에서는 시간을 30/40분으로 표시하고 있습니다. 활동 내용은 같으나 현행 학교의 상황을 고려하여 회기당 40분과 50~60분짜리로 구성한 두 가지 프로그램을 병기한 것입니다. 따라서 앞의 30은 40분 프로그램이고, 뒤의 40은 50~60분 프로그램입니다. 한 회기의 시간 배분이 들어가기(5/10분), 활동(30/40분), 마무리(5/10분)로 되어 있는 경우를 예로 들어서 설명해보겠습니다. 전자는 40분 프로그램(5+30+5=40분)이며, 후자는 50~60분 프로그램(5+40+5=50분 또는 10+40+10=60분)입니다. 학교 수업 시간에 맞추어서 하거나 수업 시간 외의 다른 시간에 편성하여 진행할 수 있도록 보다 여유롭게 구성하였습니다. 이밖에 1박 2일로 구성하여 집중적인 집단상담으로 하는 방법이 있습니다.

3. 장소 및 환경

모임 장소는 학교 교실에서 할 수도 있으나 가급적이면 다른 교실과 격리된 상담실이나 동아리실에서 하는 것이 훨씬 효과적입니다. 놀이 집단의 특성상 다른 학급에 방해를 주지 않으면서 편안하게 활동할 수 있으려면 격리된 공간이 필요합니다. 활동(상담)실은 학생들이 여유롭게 놀이 활동을 할 수 있을 만한 크기로 정하고, 의자 외에는 아무것도 없는 것이 좋습니다. 책상은 없어도 됩니다. 집단원들은 원대형으로 둥글게 의자에 앉도록 하고, 인원수에 비해 방이 크면 한쪽 구석에 의자를 놓고 둘러앉도록 하십시오.

4. 프로그램 구성

아동·청소년들이 집단에서 다른 사람들과 어울려서 놀이를 즐기는 가운데 자연스럽게 사회적 기술개발(developing social skill)을 학습하도록 하기 위하여 개발된 이 집단상담 프로그램은 연령별로 다음의 네 가지 프로그램으로 구성되어 있습니다. 초등학생 1~3학년용, 4~6학년용, 중학생용, 그리고 고등학생용 이상의 네 가지이며, 이를 두 권의 책(초등학생용, 중·고등학생용)에 담아놓았습니다. 각 프로그램은 10회기로 구성되어 있으며 연령층을 고려하여 그들에게 적합한 놀이(활동)를 선정하여 배치하였습니다. 초등학생 매뉴얼에는 저학년(1~3년)용과 고학년(4~6년)용이 함께 들어 있고 중·고등학생 매뉴얼에도 중학생용과 고등학생용을 묶어서 담아놓았습니다. 이렇게 한 이유가 몇 가지 있습니다.

첫째, 이 매뉴얼은 실무지도자(상담사, 사회복지사, 청소년지도사, 교사 등)가 현장에서 특정한 연령층의 청소년들만이 아니라 다양한 연령층을 만나고 있기 때문에 단위 놀이들의 수를 수준별로 다양하게 소개해놓음으로써 실무지도자의 선택의 폭을 넓혔습니다.

둘째, 집단에서 만나는 청소년들의 수준, 성격, 배경, 환경, 상황, 욕구, 그리고 집단의 목적과 목표가 각기 다를 수밖에 없으므로 책의 내용과 순서대로 운영하는 것은 바람직하지 않고 그렇게 하라고 권하고 싶지도 않습니다. 집단지도자는 만나게 될 청소년들을 고려하여 초등학교 저학년과 고학년생, 중·고등학생용 프로그램을 정한 다음, 집단과 집단구성원의 수준과 성격 등을 고려하여 자유롭게 놀이(활동)를 정할 수 있도록 선택의 폭을 넓혔습니다. 예를 들어, 초등학교 6학년이더라도 초등학교 저학년에 소개된 놀이를 사용해도 아무런 문제가 되지 않습니다. 같은 방법으로 고등학생 집단에서 중학생 매뉴얼에 있는 놀이(활동)를 사용할 수도, 반대로 중학생들을 대상으로 고등학생 매뉴얼을 사용할 수도 있습니다.

셋째, 이 매뉴얼은 10회기로 구성되었는데 현실적으로 학교와 상담 현장에서는 6~8회의 집단상담이 주를 이루고 있으며 그보다 짧은 4회기 이하인 경우도 많습니다. 이와는 반대로 10회기 이상인 경우도 있지요. 집단은 생명력 있는 유기체여서 변화무쌍하고 상황과 여건에 절대적인 영향을 받습니다. 따라서 집단을 설계하는 책임은 지도자에게 있습니다.

이 책에 소개한 놀이의 공통점과 특징

이 책에 있는 놀이에는 다음과 같은 공통점이 있는데 특징이라고도 할 수 있지요.

하나, 참가자 모두가 참여하는 놀이입니다. 탁월한 능력을 가진 몇 사람들만 하고 나머지 사람들은 응원하는 식의 놀이는 아예 없습니다. 집단구성원 중에 한 사람도 방관자 또는 관람자가 없으며 모두 함께하는 참가자가 됩니다.

둘, 상벌, 점수, 포상이 없습니다. 사람 대 사람, 집단 대 집단을 경쟁시키고 비교하면서 승패를 가려서 점수 매기고, 포상하고 벌을 주는 놀이는 결코 즐겁고 행복할 수가 없습니다. 이렇게 하면 진솔한 인간관계를 맺을 수 없고 공동체를 이룰 수 없습니다. 이 책에 담겨 있는 놀이에는 이러한 놀이들이 전혀 없습니다.

셋, 특별한 도구나 기구가 필요 없는 놀이입니다. 놀이도구(기구)가 비싸고 화려할수록 사람은 놀이감에 예속되고 초라해집니다. 우리 어린 시절에는 놀잇감을 직접 만들어 놀았었지요. 그래서 우리는 놀이의 주인공이 되어서 놀이를 지배했었는데 지금 어린이들은 놀이기구가 없으면 아무것도 할 수 없다고 생각합니다. 이 책에는 함께할 친구들만 있으면 정말 신나게 놀 수 있는 놀이들로 가득 채워져 있습니다. 보드게임도 없습니다. 보드게임이 나쁜 것은 아니지만, 없으면 놀 수가 없게 만들어놓으니까 놀이기구에 예속되어 버리기 쉽습니다.

넷, 공동체 놀이입니다. 경쟁이 없는 놀이는 거의 없지만 사람들이 규칙을 공유하고 존중하면서 놀이를 하게 되면 이기고 지는 것이 큰 문제가 되지 않습니다. 경쟁해서 이기고 지는 결과를 가지고 비교해서 점수를 매기고 상벌을 주기 때문에 문제가 되고, 이렇게 되면 오히려 공동체가 깨어져 버립니다. 참가자들이 놀이규칙을 공유하고 존중하여 엄격히 준수하게 되면 치열한 경쟁놀이를 하더라도 공동체에서 하나 되는 기쁨을 누릴 수 있습니다.

다섯, 몸을 마음껏 움직이면서 하는 놀이입니다. 오늘날 청소년들은 몸을 빼앗겨버렸습니다. 학교에서 학원에서 내내 의자에 앉아 공부를 합니다. 게임을 해도 컴퓨터, 스마트폰, 게임기기 화면만 바라보고 손가락만 움직일 뿐 몸을 전혀 사용하지 않아서 병들어가고 있습니다. 이 책에는 정신없이 뛰고 달리면서 하는 놀이가 많습니다. 그래서 자연스럽게 스킨십이 이루어지기도 하지요. 공부라는 명분으로 몸을 빼앗긴 청소년들에게 놀이를 하면서 뛰고 달리고 마음껏 몸을 움직이도록 해주면 몸만 살아나는 것이 아니라 지성·덕성·감성 모두가 함께 깨어나게 됩니다.

여섯, 각자 다른 사람들이 한 몸을 이루는 놀이입니다. 이 책에는 한 사람이라도 빠뜨리거나 제외시키면, 또 한 사람이라도 없으면 할 수 없는 놀이가 많이 있습니다. '너 때문에 안 돼', '쟤만 없었으면 이길 수 있었는데'라고 생각하던 사람들이 놀이를 하면서 서로 '너가 꼭 필요해', '너 없으면 안 돼' 하는 필연의 관계를 맺도록 해주는 놀이입니다.

일곱, 지도자 또한 참가자이고 동반자입니다. 지도자는 놀잇거리와 놀이터를 제공해줄 수는 있어도 놀이를 가르치는 사람이 되어서는 안 됩니다. 어린 시절 우리들이 놀았던 그 자리에는 어른이 없었지요. 놀이를 지도하면서 이래라 저래라 지시하고 심판 보는 어른이 없었던 사실을 잊지 말아야 합니다. 진정으로 청소년들이 주인공이 되기를 바라는 지도자는 하루 속히 그들이 있는 자리에서 떠날 수 있기를 고대합니다. 지도자가 떠나야 비로소 그가 있던 자리에 청소년들이 주인공으로 세워질 수 있기 때문이지요.

참고

이 책에 들어 있는 모든 놀이(활동)는 모두 내가 저술한 〈구조화된 놀이상담 시리즈〉(시그마프레스)와 〈전국재의 놀이백과 시리즈〉(시그마북스)에서 인용한 것입니다. 놀이들은 각자 3개의 숫자로 이루어진 고유번호를 가지고 있습니다. 첫 번째 숫자는 시리즈 종류를 뜻하는 것으로 그중 1은 〈구조화된 놀이상담 시리즈〉이고 2는 〈전국재의 놀이백과 시리즈〉를 나타냅니다. 두 번째 숫자는 해당 시리즈에서 몇 권째 책이라는 것을 나타냅니다. 마지막 세 번째 숫자는 해당 책에서 몇 번째 놀이라는 뜻입니다. 예를 들어 1.1-85는 〈구조화된 놀이상담 시리즈〉(1)의 첫 번째 책 놀이로 여는 집단상담기법(1)에서 85번에 있는 '알쏭달쏭' 놀이라는 뜻입니다. 한 가지 더 예를 들어보겠습니다. '날아다니는 동전'이라는 놀이의 고유번호는 2.1-191입니다. 이 놀이는 〈전국재의 놀이백과 시리즈〉(2)의 첫 번째 책 실내에서 즐기는 놀이 192(1)에서 191번에 있습니다. 이렇게 모든 단위 놀이에 고유번호를 부여한 이유는 출처를 밝히는 데 있는 것만 아니라 독자(상담자, 사회복지사, 교사 등)에게 도움이 되기를 바라기 때문입니다. 두 가지 시리즈에 담긴 1,600여 가지의 놀이(활동)를 가지고 수많은 다양한 프로그램을 개발할 수 있습니다. 예를 들면 또래상담, 위기청소년 집단상담, 지도력 개발, 팀 빌딩, 진로지도, 품성계발, 위기수행, 가족캠프, 심성수련 프로그램 등이 있습니다. 이 방대한 자료들이 현장에서 활동하는 상담사, 사회복지사, 청소년지도사, 그리고 교사 분들이 필요한 프로그램을 개발하는 데 도움이 될 수 있기를 간절히 바랍니다.

〈구조화된 놀이상담 시리즈〉

1.1 놀이로 여는 집단상담기법
1.2 놀이로 하는 집단상담
1.3 집단상담의 놀이와 프로그램
1.4 모험기반상담 놀이와 프로그램
1.5 놀이로 하는 정6품 인성교육

〈전국재의 놀이백과 시리즈〉

2.1 옹기종기 오순도순 실내에서 즐기는 놀이 192
2.2 동네방네 시끌벅적 야외에서 즐기는 놀이 177
2.3 기쁨과 행복으로 초대하는 명랑 가족 놀이 166
2.4 삶의 지혜가 녹아 있는 우리나라의 민속·골목 놀이 161
2.5 온 나라가 들썩들썩 세계의 어린이 놀이 184

제 4 장

프로그램 실제

1회기

강조점

- 프로그램의 목적과 성격 이해
  - 첫 번째 모임에서 학생들이 집단에 대해 안전감을 느낄 수 있도록 한다.
  - 집단에 대한 기대를 가질 수 있도록 돕는다.
  - 집단에서 즐겁고, 행복한 만남과 사귐을 경험하도록 한다.

과정	내 용	
	1~3학년	4~6학년
들어가기	• 머리어깨무릎발(2,1-17)	• 종이테이프 붙이기(2,2-1)
활동	• 다람쥐(2,2-67) • 수건돌리기(2,4-25) • 내 이름에 한 가지 더(1,1-49)	• 내가 누구입니까?(1,1-72) • 반전하기(1,1-4)
마무리	• 형용사로 한마디	• 형용사로 한마디
지도자 숙지사항	• 휴대전화는 모임 전에 반드시 거두어놓기 • 모임 종결 시에 다음 회기에 집단명을 만들어오도록 권유(제안) • 존칭어 사용	

지도자는 첫 회기를 시작하면서 사전에 활동실(상담실)에 와서 들어오는 어린이들을 반갑게 맞아주십시오. 어린이와 시선을 마주치고 따뜻하게 손을 잡아주고 등을 두드리면서 "반갑다. 잘 왔어!" 하고 맞아주게 되면 낯선 집단에 들어오면서 불안해하는 그들에게 큰 위로가 됩니다. 어린이들이 집단, 특히 지도자에게서 가지는 첫인상은 집단과정 내내 영향을 미칠 만큼 중요합니다.

지도자 : "어린이 여러분 반가워요. 나는 '행복한 만남과 사귐'이라는 이름의 이 집단에서 여러분과 함께하게 될 ○○○입니다. 여러분을 보니까 참 기쁘고 여러분을 알게 되어서 매우 기쁩니다. 막 가슴이 설레기도 해요. 이제부터 ○○회기 동안 여러분과 집단활동을 하면서 여러분이 좋은 친구들을 많이 사귀고 우정을 나누었으면 해요. 우리 정말 신나고, 즐겁고, 행복한 시간을 함께 만들어봅시다. 여러분, 아자! "

지도자가 집단을 소개할 때 '사회적 기술개발'을 위한 집단**상담**이라든가 집단**치료**, 또는 **훈련** 등과 같은 단어는 사용하지 않도록 하십시오. 어린이들이 자기가 문제 학생으로 취급당하는 느낌을 가지기 쉽습니다. 어린이들이 안전하고 편안하게, 그리고 기대하는 마음을 가지고 집단에 들어올 수 있도록 하십시오.

다음은 지도자가 첫 회기에 어린이들에게 알려주고 풀어야 하는 과제입니다.

첫째, 처음부터 끝까지 모두 즐거운 놀이를 한다.
둘째, 어린이들이 집단에서 안전함을 느끼고 기대하는 마음을 가지도록 한다.
셋째, 어린이들이 집단에서 많은 친구들을 만나서 사귈 수 있도록 권유한다.
넷째, 이를 위해 어린이들이 자발적으로 참여할 수 있도록 초대한다.
다섯째, 어린이들에게 집단의 규칙을 알려주고 함께 지킬 것을 다짐한다.

이 중에서 집단규칙에 대해 좀 더 설명하겠습니다. 지도자는 규칙을 알려주면서

'너희들은 …을(를) 꼭 지켜야 한다'거나 '절대로 …을(를) 해서는 안 된다'는 식으로 명령하지 않도록 하십시오. 어린이들에게 집단에서 필요한 규칙을 간단히 설명한 다음, 그들에게서 이해와 동의를 얻는 과정을 거치도록 하십시오. 이런 식으로 말입니다. 지도자가 "나는 진심으로 우리 모두가 행복하고 즐거웠으면 합니다. 그러기 위해서 함께 지켜야 할 규칙이 딱 두 가지가 있어요. 두 가지 규칙만 있으면 충분한데 이제 내가 그 두 가지 규칙을 여러분에게 알려줄게요. 그러면 여러분은 내 말을 듣고 있다가 '그래? 할 만하네!', '그래, 하겠어!'라는 생각이 들면 내 말을 따라 해보세요. 알겠습니까?"라고 물어봅니다.

이어서 지도자가 "첫째 약속입니다. 다른 사람의 이야기를 잘 들어주겠습니다."라고 말합니다. 어린이들이 부담을 느끼기 않을 규칙이므로 대부분의 어린이들은 이를 따라 할 것입니다. 어린이들이 그렇게 하겠다는 대답을 하면 경청의 중요성에 대해 간단히 설명해주세요. 이어서 "둘째 약속입니다. 시간 약속을 잘 지키겠습니다."라고 말하고 다시 학생들의 동의를 받습니다. 마지막으로 지도자는 "그럼 우리 이제부터 경청하기와 시간 지키기 이 두 가지 규칙을 꼭 지키기로 약속해요!"라고 말함으로써 재차 확인을 받습니다.

참고 : 상담집단에서는 첫 회기에 집단원들에게 '결석하지 않기', '비밀 지키기' 등에 관한 서약(계약)을 받습니다. 그러나 이 집단에서는 이를 첫 회기에 반드시 하지 않아도 됩니다. 학생들에게 처음부터 부담을 줄 필요가 없기도 하고, 집단을 시작하면서 적절한 기회를 찾아서 해도 늦지 않기 때문입니다.

집단을 위한 두 가지 약속 : 경청하기와 시간 지키기

지도자가 첫 회기에 풀어야 할 제1의 과제는 학생들의 긴장을
풀어주고 온정적으로 맞아줌으로써 그들이 가능한 한 빨리 집단에서
안전함을 느끼고 기대할 수 있도록 도와주는 일입니다. 지도자에게 첫 회기에서 학생들과의 첫 만남이 그래서 중요합니다. 지도자가 긴장하고 있으면 안 그런 척해도 도무지 숨길 수가 없습니다. 지도자가 먼저 편안하고 기대하는 마음으로 그들을 만나고 출발하십시오.

첫 회기에 해야 하는 필수적인 또 다른 과제는 학생들에게 집단의 목적과 규칙을 명확하게 알려주고 이를 그들과 공유하는 일입니다. 학생들에게 규칙을 일방적으로 통보하지 말아야 합니다. 학생들이 처음부터 위축되는 것은 전혀 도움이 되지 않습니다.

나는 오랫동안 집단상담을 해오면서 다음의 두 가지 규칙(약속), 즉 경청하기와 시간 지키기를 집단원들이 자발적으로 참여하여 지키는 분위기가 조성되면 집단에서 집단원들은 놀랍게 성장하고 바람직한 방향으로 변화하게 된다는 사실을 늘 확인하고 있습니다. 이러한 점에서 경청하기와 시간 지키기, 이 두 가지 규칙은 집단의 목표가 되기도 합니다. 두 가지 규칙이 집단원들 사이에 실현될 때, 아니 이를 지키고 존중하려고 진지하게 노력하는 과정에만 있어도 집단과 집단원들은 모두 크게 성숙해집니다.

참고로 나는 첫 회기 때 집단의 규칙을 다음과 같이 소개하면서 참가자들의 동의를 얻고 자발적으로 동참할 수 있도록 하고 있습니다.

"여러분! 이 집단에서 여러분을 만나게 되어서 반갑습니다. 이 자리에 오신 것을 진심으로 환영합니다. 이제 우리는 한 집단에서 만나 함께 출발하게 되었으니 앞으로 소중한 만남과 사귐으로 발전될 수 있게 되기를 기대합니다. 또한 여러분이 각자 이 집단에 대해 가지고 있는 기대와 바람이 꼭 성취될 수 있기를 바랍니다.

이를 위해 우리는 집단을 시작하면서 서로 지키고 존중해야 할 규칙이 두 가지가 있습니다. 첫 번째 규칙은 경청하기입니다. 의사소통은 나와 너가 모두 있을 때만 가능합니다. 말하는 사람(화자)이 있으면 이를 들어주는 사람(청자)이 있어야 합니다. 다시 말해서 들어주는 사람이 있어야 말하는 사람이 있다는 말입니다. 우리 서로 다른 사람의 말을 잘 경청할 수 있기를 바랍니다. 다른 사람의 말을 들어준(경청한) 사람은 내가 다른 사람에게 말할 때 다른

사람이 들어주기를 기대할 수 있지 않겠습니까? 경청하는 자리는 독립적인 인격체인 나와 너, 그리고 또 다른 너가 존재할 때만 가능한 것입니다. 그러므로 우리 이제부터 '다른 사람의 말을 잘 들어주겠다'고 약속합시다.

두 번째 규칙은 시간 지키기입니다. 이 말이 좀 엉뚱하게 들리는 사람이 있을지도 모르겠습니다. 이제부터 우리는 여러 모둠으로 나뉘어 활동하게 될 텐데 서로 약속한 시간을 지키지 않으면 진행할 수 없기 때문입니다. 우리 각 사람은 누구나 존중받고 아무에게도 침해당할 수 없는 소중한 인격체이듯 다른 사람도 마찬가지입니다. 우리가 한 집단에서 만나서 함께 활동하면서 공유하고 있는 것은 시간입니다. 내 시간이기도 하지만 동시에 우리가 함께 지키고 공유해야 하는 시간이기도 한 것이지요. 그러므로 우리 이제부터 '시간을 잘 지키겠다'고 약속할 수 있기를 바랍니다.

이상의 두 가지 약속은 쉬워 보이지만 평소에 경험해보지 않은 사람들에게는 지키는 일이 쉽지 않습니다. 하지만 지켜야 할 규칙이 2개뿐이므로 그리 어렵지 않습니다. 우리가 깊이 느낄 수 있게 되기를 바라는 것은 이 규칙들이 우리를 규제하여 불편하게 하는 것이 아니라 우리가 진솔한 만남을 이룰 수 있도록 해주고 편안한 자리를 만들어주는 공유된 약속이라는 점입니다."

지도자는 이상과 같이 규칙을 잘 설명하여 학생들에게 이를 이해하고 존중하겠다는 동의를 받으십시오. 이런 식으로 말입니다. "여러분도 내 말을 이해하고 동의하십니까?" (학생들 : "네") "그러면 이제 두 가지 약속을 함께 지키도록 다짐해볼까요?"(학생들 : "네")

이밖에 나누어야 할 규칙이 하나 더 있는데 그것은 놀이규칙에 대한 것입니다. 이에 대해서는 첫 회기에서 간단히 알려주도록 하고, 앞으로 계속 놀이를 하면서 수시로 이에 관해 나누게 될 것입니다.

▶▶▶ 여는 놀이

어린이들에게 규칙을 전한 다음에는 곧바로 여는 놀이로 들어가세요. 낯선 집단에 들어오게 되면 사람들은 왠지 불안하고 어색해지는데, 여는 놀이가 안전하고 편안하고 기대되는 자리로 순식간에 바꾸어놓습니다. 그래서 여는 놀이를 warm up game, ice breaking game, 또는 mixer game이라고 부릅니다. 말 그대로 분위기를 따뜻하게 띄워주어서 warm up game, 얼음 깨지는 듯이 하여 ice breaking game, 어색하고 서먹서먹해하는 사람들을 마구 섞어놓는 놀이라 하여 mixing game이라고도 합니다.

여는 놀이가 집단 초기에 미치는 효과는 다음과 같습니다.

- 집단 초기에 어린이들이 가지고 있는 초기불안을 순간적으로 제거해버린다.
- 경직된 분위기를 편안함으로 바꾸어놓는다.
- 어린이들이 집단에 자발적으로 참여하도록 촉진한다.
- 어린이들이 안전함을 느끼고 기대감을 가지도록 한다.
- 다른 친구들과의 대인관계가 활발해지고 응집력이 강화된다.
- 집단에 있는 것이 재미있고 즐거워진다.

자! 이제 첫 회기를 〈머리어깨무릎발〉과 함께 노래하고 율동을 하면서 열어봅시다. 집단을 시작할 때는 〈머리어깨무릎발〉과 같이 누구나 알고 있어서 편안하게 부를 수 있는 놀이로 하는 것이 좋습니다. 그래야 어린이들이 놀이에 쉽게 빠져들게 됩니다.

머리어깨무릎발(2.1-17)

어린이들과 함께 동요 '머리어깨무릎발'을 율동을 곁들여서 힘차게 불러봅시다. 그런 다음 한 번 더 노래와 율동을 빠르게 부릅니다. 개중에는 '유치하게 이런 시시한 놀이를 하나…' 하고 생각하여 시 큰둥해하는 어린이들도 있는데 신경 쓰지 말고 그냥 하세요. 자! 이번에는 어린이들이 각자 양옆에 있는 친구의 머리에 양손을 얹도록 합니다. 그런 다음 노래를 부르면서 자기 신체가 아니라 양옆 사 람의 머리, 어깨, 무릎, 발을 만지면서 노래를 부르도록 합니다. 머리, 어깨, 무릎, 발까지는 잘할 수 있는데 귀, 코, 귀 대목에 가서는 옆 사람의 엉뚱한 곳을 더듬게 되면서 금세 웃음이 터져 나옵니다. 지도자는 마지막에 '입, 눈, 입'이라든가 '코, 뒤통수, 귀' 하는 식으로 바꾸어 곤란하게 만들면서 노 래를 반복해보세요.

▶▶▶ **집단에 대해 저항하는 어린이들을 집단 안으로 들어오도록 하는 지혜**

집단 초기, 특히 첫 회기에 여는 놀이를 시작할 때 거의 모든 경우에 "에이, 유치해 요.", "재미없어요."라는 식으로 빈정대거나 아예 엎드려 있고 도무지 무관심한 반 응을 보이는 어린이들이 분명히 나옵니다. 속으로 '그래, 한번 해봐! 얼마나 잘하는 지 두고 보자!' 이렇게 생각하는 어린이들도 적지 않습니다. 이럴 때 지도자는 이를 당연하게 여기고 위축되거나 당황하지 마세요. 못 들은 척하고 그대로 진행하십시 오. 그런 어린이들을 무시하라는 말과는 다릅니다. 분명한 사실은 지도자가 친구들 과 함께 즐겁고 재미있고 행복하게 놀다 보면 그런 어린이들은 언젠가는 집단 속으 로 슬그머니 들어오게 됩니다. 일단 놀이의 힘을 믿고 해보세요.

종이테이프 붙이기(2.2-1)

어린이들에게 종이테이프를 30cm 정도 잘라서 나누어주세요. 시작이 되면 어린이들은 돌아다니면서 마주치는 친구와 '가위바위보'를 하여서 이긴 사람이 자기의 테이프를 5cm 정도 길이로 잘라서 진 사람의 얼굴에 붙입니다. 테이프를 모두 사용하면 그 어린이는 자기 얼굴에 붙어 있는 테이프를 떼어서 붙여줄 수 있습니다. 지도자는 적당한 시간에 놀이를 마치고 제자리로 돌아가 앉도록 합니다. 그런 다음 누구 얼굴에 테이프가 가장 많이 붙어 있는지 알아보세요. 놀이를 마친 다음에도 얼굴에 붙은 테이프를 떼지 않고 한동안 붙이고 있는 것이 분위기 진작에 도움이 됩니다. 특히 지도자는 얼굴에 테이프를 붙인 채로 집단을 인도하십시오.

준비물 : 종이테이프

시간이 지나면서 모든 어린이들의 얼굴은 덕지덕지 붙은 종이테이프로 망가집니다. 이렇게 지저분해지는 서로의 모습을 보면서 요란스러워지고 웃고 뛰어다니고 난리가 납니다. 일단 이 놀이가 시작되면 방관자를 한 사람도 찾기 힘들 겁니다. 어느새 놀이에 폭 빠져들어서 이미 지금-여기의 자리에 들어가 있습니다. 지도자는 집단 밖에 있지 말고 어린이들 가운데 끼어서 함께 즐기도록 하세요. 꼭 그래야 합니다.

2. 활동

첫 회기에는 다른 아무런 생각 말고 어린이들과 실컷 뛰놀아요. 사실 앞으로도 10회기 내내 신나게 놀기만 할 거예요. 〈수건돌리기〉는 언제든지 해도 해도 즐거운 놀이이지요. 첫 회기에서는 이런 쉬운 놀이로 편하게 즐기는 것이 좋답니다. 〈다람쥐〉역시 어린이들에게 딱이죠. 어렵지도 않고요. 지도자라고 해서 놀이에서 빠져서 지도만 하지 말고 아이들과 섞여서 함께 사귀어보세요.

다람쥐(2.2-67)

네 사람씩 여러 모둠을 만들고 모둠에 속하지 않은 나머지 사람들 중에서 술래 세 사람을 정하여 사냥개 한 마리와 다람쥐 두 마리가 됩니다. 각 모둠에서 세 사람이 서로 손을 잡고 원을 만들어서 속이 텅 빈 통나무가 되고 나머지 한 사람은 다람쥐가 되어서 그 안에 들어갑니다. 시작이 되면 사냥개는 원 안에 들어가 있지 않은 다람쥐 두 마리를 쫓아가서 잡는데 다람쥐는 도망치다가 잡힐 것 같으면 근처의 원(통나무) 안으로 쏙 들어가면 안전합니다. 그러나 원 안에는 다람쥐 한 마리만 있을 수 있기 때문에 그 안에 먼저 들어가 있던 다람쥐는 원을 빠져나와 도망쳐야 합니다. 이렇게 하여 사냥개에게 잡힌 다람쥐는 사냥개가 되어 다시 합니다. 다람쥐를 살려주세요!

수건돌리기(2.4-25)

원 대형으로 둘러앉고 술래가 원 밖에 섭니다. 시작이 되면 술래는 원 밖을 돌다가 들고 있던 손수건을 살짝 한 어린이의 등 뒤에 놓아둡니다. 둘러앉은 어린이들은 고개를 돌려 뒤돌아볼 수 없으며, 손을 뒤로 대고 더듬을 수는 있습니다. 손수건을 살짝 떨어뜨린 술래는 아직도 손수건을 가지고 있는 것처럼 시치미를 뚝 떼고 능청맞게 걷는 듯 뛰는 듯하며 원을 다시 돕니다. 손수건이 등 뒤에 있는 줄도 모르고 앉아 있는 어린이를 치면 그 사람은 잡히게 됩니다. 손수건을 발견한 어린이는 손수건을 들고 자리에서 급히 일어나 술래를 쫓아가서 손으로 쳐야 합니다. 이렇게 되면 술래는 잡히지 않으려고 줄행랑치는데, 자기를 쫓아오는 어린이가 앉았던 빈자리로 가서 앉으면 안심입니다. 이때 손수건을 들고 쫓아가던 새 술래는 아무 때나 손수건을 다른 사람의 등 뒤에 다시 떨어뜨릴 수 있습니다.

준비물 : 손수건

첫 번째 모임이니까 서로 인사 나누기를 꼭 해야 하지요. 그런데 왜 처음부터 하지 않았냐고요? 예, 그래도 좋지만 실컷 뛰어놀고 난 다음에 인사 나누면 훨씬 편안하게 할 수 있기 때문이지요. 둥글게 둘러앉아서 지도자부터 자기소개를 합니다. 예를 들면, "나는 정희성입니다. 나는 재미없어요.", "나는 우동석입니다. 우동을 싫어합니다.", "나는 강지수입니다. 별명이 개미입니다." 이렇게 말입니다. 자기 이름을 먼저 말하고, 자랑하고 싶은 말이나 엉뚱한 말 한마디를 덧붙입니다.

내 이름에 한 가지 더(1.1-49)

지도자 : "애들아, 우리 오늘 처음 만났는데 자기소개를 해보아요. 그런데 이름만 말하면 좀 싱거우니까 이름을 먼저 말하고 한마디를 더 해보세요. 내가 예를 들어보겠어요. '나는 유하늘입니다. 하늘처럼 눈부십니다.' 이런 식으로 하면 됩니다. 알겠습니까? 부끄러워하지 말고 맘껏 자기 자랑을 해봐요. 그러면 누가 먼저 할까요? 듣고 있는 우리들은 가만히 있지 말고 '와' 하고 외치면서 반겨줍시다. 그러면 자기소개를 할 때 정말 기분 좋고 편안하겠지요? 마지막으로 친구들이 자기소개를 할 때 잘 듣고 있다가 외워봅시다. 누가 모든 친구들의 이름을 제일 먼저 말하게 될지 기대가 됩니다. 이제 시작해봅시다."

 이렇게 소개를 마친 다음에는 어린이들과 함께 모든 친구들의 이름을 돌아가며 외워보세요. 그리고 나서 지도자가 이제부터 서로 이름을 부르면서 지내기를 제안하고 약속을 합시다.

내가 누구입니까?(1.1-72)

지도자는 모임을 시작하기 전에 역사 인물, 유명 인사, 만화 주인공, 연예인들 중에서 유명한 사람들의 이름을 하나씩 적은 포스트잇(또는 8×5cm 정도 크기의 쪽지)을 준비해두세요(학생 수만큼). 예를 들면 이순신 장군, 신사임당, 류현진, 링컨 대통령 등이 있습니다. 모임이 시작되면 지도자는 그 쪽지를 어린이의 등 또는 한쪽 어깨에 스카치테이프로 붙여주세요. 그러면 어린이들은 자기 몸에 붙은 쪽지에 적힌 이름은 자기만 볼 수 없고 다른 사람들은 모두 볼 수 있게 됩니다. 이렇게 하여 모든 어린이들에게 쪽지를 붙이면 지도자는 놀이규칙을 설명합니다. "여러분, 내가 하는 설명을 잘 들어야 합니다. 여러분 몸에 붙어 있는 쪽지에는 이름이 한 가지씩 적혀 있는데 그것이 여러분의 이름이에요. 그런데 여러분은 교통사고를 당해서 불쌍하게도 기억상실증 환자가 되어버렸답니다. 기억상실증 환자가 어떤 사람인지 알고 있나요? 자기가 누구인지 자기 이름도 모르는 사람이에요. 이제 시작이 되면 돌아다니면서 마주치는 사람과 질문을 해서 자기가 누구인지를 빨리 찾아내야 해요. 손으로 몸에 붙어 있는 쪽지를 떼어서 보거나 거울에 비추어 보면 반칙이에요. 다니다가 만난 아이와 마주 보고 한 번씩 질문은 할 수 있답니다. 예를 들면 '내가 남자입니까?' 하고 물어보면 상대방은 '예' 또는 '아니요'로만 대답할 수 있습니다. 그러니까 〈스무고개〉 놀이를 하는 것과 같습니다. 질문은 한 사람에게 한 번씩만 할 수 있고, 마치면 다른 친구들을 빨리 찾아가서 또 물어보세요. 이렇게 하여 자기 이름을 찾은 어린이는 큰 소리로 '찾았다!'고 외치기 바랍니다. 누가 제일 먼저 이름을 찾는지 궁금하군요. 그럼 시작하세요!"

종이테이프 붙이기(2.2-1) 놀이에 이어서 하게 될 경우에는 포스트잇(또는 종이) 대신 얼굴에 붙어 있는 테이프를 사용하면 훨씬 수월하게 진행할 수 있습니다.

준비물 : 쪽지(인원수만큼), 사인펜, 스카치테이프

〈내가 누구입니까?〉는 〈종이테이프 붙이기〉와 마찬가지로 어린이들이 놀이에 쉽게 빠져듭니다. 지도자는 이 놀이가 진행되는 동안 어린이들을 유심히 살펴보세요. 다른 사람의 시선 때문에 어색해하는 어린이를 찾아보지 못할 것입니다. 이 놀이를 하면서 어린이들은 다른 친구들의 시선을 전혀 아랑곳하지 않게 됩니다.

지도자는 모든 어린이가 자기 이름을 찾을 때까지 기다리지 않아도 됩니다. 5분 정도 하고 나서 마치도록 하고, 아직도 자기 이름을 찾지 못한 어린이들에게 쪽지를 각자 떼어서 보도록 하십시오. 놀이를 마친 다음 지도자는 "여러분, 모두 기억상실증 환자가 된 기분이 어땠나요? 놀이였지만 진짜로 자기가 누구인지도 모르고 살아가는 사람들이 많답니다."라는 식으로 이야기를 간단히 나누어도 좋습니다.

참고 : 이 놀이는 지도자가 유명인의 이름을 적은 쪽지를 미리 준비하지 않아도 됩니다. 모임에 참가한 어린이들에게 쪽지(포스트잇)와 연필을 하나씩 나누어주고 쪽지에 유명한 사람의 이름을 하나씩 적도록 하는데 다른 친구들이 보지 못하도록 합니다. 그런 다음 두 사람이 마주 보고 서로 상대방의 이마(어깨 또는 등)에 쪽지를 붙여주고 시작하면 됩니다.

6~8명씩 모둠으로 나누어서 모둠별로 옆 친구의 손을 꼭 잡고 둥글게 둘러서도록 합니다. 그런 다음 잡고 있는 손을 놓고 그 자리에서 뒤로 돌아 다시 손을 잡도록 하고 그 모습을 잘 기억하도록 하세요. 다시 손을 놓고 뒤돌아서 손을 잡도록 하면 원래의 상태로 되돌아오게 됩니다.

지도자가 "어린이 여러분, 수고했습니다. 이제부터 내 말을 잘 들으세요. 지금 여러분은 양옆 사람과 손을 잡고서 원 안을 바라보고 있지요? 이제 손을 잡고 있는 상태에서 원 밖을 보고 있는 대형을 빨리 만들어보기 바랍니다. 꽈배기처럼 몸을 비틀든지, 뛰어넘든지, 모두 밖으로 굴러서 돌든지 마음대로 할 수 있습니다. 다만 손을 절대로 놓아서는 안 됩니다. 이 놀이는 친구들과 의견을 많이 나누면 나눌수록 빨리 해낼 수 있답니다. 그리고 마친 집단은 즉시 '와!' 하고 함성을 질러서 알려주시기 바랍니다. 그러면 시작!" 하고 알려주는 것으로 놀이가 시작됩니다.

이 집단에서는 몸으로 하는 놀이들이 대부분입니다. 무관심·무기력·무반응으로 일관하는 어린이들을 일깨우기(awakening)기 위해서는 '몸을 마구 흔들어주는' 길밖에 없습니다. 인지적인 접근만으로는 어린이들을 만나기가 쉽지 않습니다. 동기부여가 되지 않은 상태에서 인지적인 방법은 매우 비효율적입니다.

▶▶▶ 놀이하는 지혜 : 경쟁은 독약입니다

지도자가 제일 먼저 마친 사람(또는 모둠)에게 "1등, 100점"을 주고 꼴등에게 "빵점" 하고 점수를 주는 것처럼 어리석은 일은 없습니다. 그런데 사실은 대부분의 지도자들은 이런 잘못을 저지르고 있습니다. 지도자가 학생들을 경쟁시키고 통제하고 평가하게 되면 진 사람(모둠)만 아니라 이긴 사람(모둠)도 긴장하게 되고 불안해합니다. 진 학생들은 서로 "너 때문이야.", "너 때문에 졌어.", "쟤만 없으면 되는데." 하며 비난하게 됩니다.

나는 청소년 때부터 '대부분의 놀이가 경쟁을 하면서 하는데 그런 놀이에서 사람들이 행복한 만남, 사귐, 그리고 협동이 이루어질 수는 없는 것일까?', '승패를 초월하여 모두가 행복하고 즐거운 놀이는 어떻게 할 수 있는가?' 이러한 고민을 계속해 왔습니다. 이런저런 시도를 하던 중에 나는 그 해답을 지극히 당연하고 단순한 곳에서 찾을 수 있었습니다. 어릴 적에 친구들과 놀다가 지면 당연히 속이 상하지요. 그래서 "또 해!", "다시 해!" 하면서 다시 했고, 그런데도 또 지면 억울해서 "한번만 더", "꼭 한번만" 하면서 놀았었지요. 나만이 아니라 친구들도 마찬가지였습니다. 이렇게 서로 이기고 지고를 반복하면서 놀이를 하였는데 해답은 바로 여기에 있었습니다. 그때 승패가 결정이 나면 그것으로 놀이는 끝이 났고, 처음부터 다시 했었지요. 내가 깨달은 것은 어린 시절에 진 아이와 친구 사이에 누가(특히 어른) 개입해서 점수를 매기거나 상벌을 주지 않았다는 사실입니다. 우리들 사이에 물질이 오고 가는 일도 없었습니다. 치열하게 경쟁하며 놀았으면서도 승패의 결과를 가지고 상벌로 보상하지 않았습니다. 여기서 나는 이기고 진 것을 결과로 가지고 와서 이를 점수화하지만 않는다면 사람들은 승패에 영향을 받지 않고 만남과 사귐, 화합과 협동이 가능해진다는 사실을 깨닫게 되었습니다. 그래서 "와! ○○가 1등 했습니다. 축하합니다."라고 이를 인정하고 나서 다시 계속하면 되는 것이었어요. 경쟁시켜서 비교하고 승패한 결과를 가지고 상벌을 주고 점수로 서열을 매기고 보상을 하기 때문에 문제가 발생하는 것이었습니다. 놀이는 결과보다도 과정이 더 중요하고 사람이 하는 것이라는 사실을 망각하였던 것이 문제였습니다.

3. 마무리   ⏰ 5/10분

놀이를 모두 마치고 나서 어린이들과 둥글게 둘러앉도록 하세요.

지도자 : "어린이 여러분 오늘 즐거웠습니까? 나도 정말 즐거웠어요. 이렇게 놀고 나니까 속이 다 시원하군요. 그래서 벌써 다음 시간이 기다려집니다. 우리가 이렇게 만나 놀이를 즐기면서 모두 행복했으면 하는 바람으로 이름을 '행복한 만남과 사귐'이라고 정해보았습니다. 그런데 이 모임은 여러분의 모임이니까 여러분이 이름을 직접 정했으면 더 좋겠어요. 그러니까 여러분이 집단의 이름을 생각해보고 다음 회기에서 만나 진짜 우리 이름을 정해보기로 합시다. 그렇게 해볼까요?"

이런 식으로 간단히 말한 다음, 어린이들에게 오늘 첫 모임에서 가진 느낌을 형용사 한마디로 발표하도록 합니다. 참가자들이 모두 한마디씩 돌아가면서 말하는 라운드(round)방식이 바람직합니다.

형용사로 한마디

둥글게 둘러앉은 자리에서 한 사람씩 돌아가면서 오늘 첫 번째 회기를 마치고 나서 어떤 느낌과 생각이 드는지 이에 관해 형용사로 한마디씩 말해보도록 합니다. 그런 다음 지도자가 먼저 "나는 오늘 여러분을 만나서 '행복한'" 이런 식으로 시범을 보여주세요. 어린이들이 모두 이렇게 단어 한마디라도 말할 수 있도록 하십시오. "재미있는", "그저 그런", "웃기는", "즐거운", "유치한" 이런 식으로 말입니다. 어떤 말을 하더라도 지도자는 그대로 수용하고 존중하십시오. 표현하는 것 자체가 대견하니까요. 이렇게 모든 어린이들이 한마디씩 하고 나서, 시간이 남으면 이번에는 다음 회기에 대해 어떤 기대를 하는지 이에 대해서도 한마디씩 하도록 합니다. 이번에도 지도자가 먼저 "벌써 기다려지는" 하는 식으로 시범을 보이면서 시작하십시오.

지도자 : "여러분 반가웠어요. 다음 시간에 다시 만나요. 안녕!"

지도자는 모임을 마칠 때 어린이들을 그냥 보내지 말고 문 앞에 서서 일일이 눈을 마주 보면서 손을 잡고 배웅해주세요. "수고했다.", "다음에 다시 만나자."라고 말하면서 악수해주세요. 어린이들은 누구나 지도자의 사랑을 독차지하고 싶어 합니다.

▶▶▶ 지도자 숙지사항

집단을 시작하면서 지도자가 명심해야 할 것들입니다.

- 경쟁시키고 점수를 주어서 서열을 매기고 보상하지 말아야 한다.
- 어린이들이 놀이규칙을 엄수하도록 도와준다. 규칙이 없으면 놀이판이 싸움판이 되기 쉽다.
- 사전에 휴대전화를 반드시 거두어 놓는다. 그러지 않으면 그 집단은 시작조차 할 수 없게 된다.
- 전체 진행을 할 때 지도자는 존칭어를 사용한다.

▶▶▶ 놀이하는 지혜 : 놀이는 결과보다 과정이 더 중요합니다

결과보다 과정을 더 중요하다고 생각하는 지도자는 학생들이 놀이를 잘하고 못하는 것에 대해 별로 신경 쓰지 않습니다. 그 대신에 학생들을 있는 그대로 수용하고 존중해줍니다. 그래서 학생들은 실패에 대해 두려워하지 않습니다. 개인 대 개인, 집단 대 집단 간의 경쟁을 시키지 마세요. 이 책에 들어 있는 놀이들은 대부분 혼자 할 수 없고 모두가 함께하여 협동해야만 할 수 있는 것들입니다. 학생들이 자발적으로 참여하여 친구들과 안전하고 포근한 만남과 사귐을 이루도록 도와주십시오.

메모

초기 저항, 문제 청소년 다루기

요즘 어린이들에게 놀자고 할 때 "와아! 신난다." 하고 환호할 것으로 생각하면 착각입니다. 어린이들은 대부분 "싫어요.", "피곤해요.", "귀찮아요.", "안 해요.", "유치해요."라는 식의 반응을 보입니다. 그 정도면 괜찮습니다. "그거 왜 해요?"라고 반문하는 어린이들도 많으니까요. 놀아본 적이 없는 아이들은 기대조차 하지 않습니다. 그런 아이들에게 "얘들아, 그래도 정말 재미있어. 한 번 신나게 놀아보자."라고 거듭 권하면 돌아오는 대답은 대부분 "놀면 뭐 줘요?"입니다. 어른들이 당근과 채찍으로 다루어왔기 때문이지요.

행복한 만남과 사귐 집단활동(상담)에 참가한 어린이들도 다를 바 없습니다. 그래서 지도자가 처음에 어린이들과 어떻게 만나는가가 매우 중요합니다. 근본적으로 무관심, 무기력, 무반응으로 나타나는 초기 저항은 그들이 문제가 있어서가 아닙니다. 아무런 기대와 생각 없이, 원하지도 않았는데 그냥 이끌려왔기 때문이지요. 지도자는 이 사실을 충분히 이해하고 유념해야 합니다.

지도자는 첫 만남에서 우선적으로 어린이들에게 즐겁고 행복한 시간을 가지기를 희망한다는 점을 알려주십시오. 이를 말로 설명하는 것은 한계가 있으나, 그렇더라도 그러한 기대와 소망을 간결하고 분명하게 설명해주십시오. 어린이들이 지도자의 말을 신뢰하지 않아도 말입니다. 어린이들은 그런 즐겁고 행복하고 재미있는 시간을 가져본 적이 없기 때문에 기대하지 않는 것이 오히려 당연합니다.

얼마 전 초등학교 저학년 학생들과 하는 '첫나들이 캠프'에서 있었던 일이 떠오릅니다. 첫 만남에서 나는 그들 안에 섞여서 함께 노래 부르고 정신없이 뛰놀았습니다. 한참을 놀고 있는데 누가 내 배를 손가락으로 콕콕 찌르면서 "선생님" 하는 것이었어요. 내려다보니 그 아이는 초등학교 2학년 남자아이였습니다. "왜 그러니?" 하고 물어보았더니 그 아이가 하는 말이 "선생님, 너무 오버해요." 하는 것이 아닙니까? 이 말을 듣는 순간 나는 마음이 많이 아팠습니다. "얘야, 나는 네게 보여주려고 뛰노는 것이 아니야. 나는 언제나 이렇게 놀고 있단다."라고 말해주었습니다. '오버한다'는 말은 초등학교 2학년 아이에게 전혀 어울리지가 않습니다. 그 아이는 내가 남들에게 보여주려고 소리 지르고 날뛴다고 생각한 것이 분명합니다. 그 어린아이가 벌써 다른 사람의 시선을 의식하고 있다는 사실에 마음이 아팠습니다. 그래도 다행스럽게도 그 아이는 그 후로 나흘 내내 정신없이 뛰어놀았습니다.

  집단을 하면서 자주 겪는 또 다른 예를 들어보겠습니다. 보호관찰 청소년으로 상담 명령을 받고 캠프에 참가한 중학생들과 함께했었습니다. 첫날 첫 시간부터 놀더니 지도자가 말한 대로 정말 계속 놀기만 하자 둘째 날 저녁에 한 학생이 나에게 다가와서는 "선생님, 이제 우리한테 하고 싶은 말씀 하셔도 돼요."라고 말하는 것이었습니다. 그 학생은 이제까지 여러 번 집단에 참여하면서 집단의 기승전결을 꿰뚫고 있었던 것입니다. 언제 무슨 검사를 하고 지도자가 언제 어떤 멘트를 할 것인지도 훤히 알고 있는 학생이었습니다. 그런 학생이 이번 집단은 전혀 다르고 놀기만 하고 즐겁고 편안하고 신뢰가 쌓이다 보니 나에게 '하고 싶은 말은 이제 해도 된다'는 선심을 쓰기에 이르렀던 것입니다.

▶ 참가자들의 초기 저항을 해결하는 가장 근본적인 해결 방안 : 놀이를 통하여 즐겁고, 재미있고, 안전하고, 편안하고, 행복한 공동체를 만들어 학생들을 초대하는 일입니다. 다시 말해 즐겁고, 재미있고, 안전하고, 편안하고, 행복한 집단(공동체)은 학생들을 집단 속으로 끌어들이는 힘이 있습니다. 의기소침해 있는 학생, 불안해서 집단에 끼지 못하는 학생, 스스로 집단에서 벗어나 있던 학생, 그리고 집단따돌림을 당하는 학생까지도 놀이가 만드는 응집력은 그들을 집단 안으로 품습니다.

▶ 집단에 들어오지 않는 학생 : 집단 초기에는 언제나 자의든 타의든 집단에 끼지 못하고 집단 밖에서 배회하는 학생들이 있습니다. 집단에 들어오지 않고 멀찍이 떨어져 앉는 학생이 있지요. 지도자가 들어와서 함께하자고 해도 못 들은 척합니다. 이런 때 지도자는 몇 번 권하다가 들어오지 않으면, "그래. 네가 뭔가 편안하지 않은 게 있나보구나. 우리가 기다릴 테니까 언제든지 들어오거라." 하고 말합니다. 억지로 끌어들일 수도 없고, 그렇다고 그렇게 놓아두어서도 안 됩니다. 지도자는 "쟤가 왜 저러지?" 하고 불쾌해하거나 불안해하지 마세요. 학생의 그런 반응을 수용하면서 '언제라도 들어오기를 바란다'는 기대를 분명히 알려줄 필요가 있습니다. 그러면서 지도자는 나머지 학생들(집단원)에게 "얘들아, 나는 ○○가 우리와 함께했으면 좋겠다. 너희들도 나와 생

각이 같으리라 생각한다. 그러니 ○○을(를) 어떻게 도와줄 수 있는지 다 같이 생각해 보자."는 이야기를 들려주십시오. 계속 확인하는 일인데 지도자의 이러한 제안은 비단 당사자인 ○○에게만 아니라 다른 집단원들 모두에게 큰 도움이 됩니다. 그들은 자기가 삐지거나 따돌림을 당할 때 다른 사람들(친구 또는 지도자)이 자기에게도 그렇게 대해줄 것이라는 기대를 가지게 되어 안도하게 됩니다. 집단원 모두가 다른 사람에게 도움을 주는 이타적 돌봄(altruism)을 하는 기회를 가지게 됩니다. 그러다 보면 집단 밖에서 배회하던 학생은 대부분 어느새 슬그머니 들어오게 됩니다. 친구들은 그를 온정적으로 받아들이게 됩니다.

▶ 규칙을 계속 어기는 학생 : 놀이규칙을 계속 어겨서 집단 분위기를 망가뜨리는 학생이 있습니다. 정말 골칫거리이지요. 지도자가 몇 번을 알려주었는데도 이를 무시하고 계속 규칙을 어기는 학생은 엄격하게 다룰 필요가 있습니다. 이런 경우에는 지도자가 해당 학생을 불러내어 양손을 잡고 시선을 마주치고서, "얘, ○○야, 다시 규칙을 어기면 이번에는 그냥 지나갈 수 없단다. 그러니 다시는 그러지 말아라. 알겠니?"라고 엄중히 말하고 대답을 받도록 합니다. 거의 그런 학생은 금세 약속을 지키지 않습니다. 이때 지도자는 "○○야, 지금 당장 나가서 저기에 서 있어라." 하고 분명하고도 엄격하게 명령합니다. 이를 타임아웃(time out)이라고 합니다. 반복하여 규칙을 어긴 학생을 집단에서 내보내어 한 구역에 가서 한동안 서 있도록 하는 일종의 벌입니다. 일정 시간이 지난 다음 그 학생에게 규칙을 준수할 것인지를 물어보고 대답을 듣고 나서 다시 집단으로 들여보내도록 합니다. 타임아웃이 효과적이기 위해서는 지도자가 엄격하고 일관성이 있어야 하고, 동시에 해당 학생이 다시 돌아가고 싶은 마음이 들 정도로 집단이 재미있고 즐겁고 행복해야 합니다.

2회기

강조점

2회기의 강조점은 연장선상에서 1회기와 동일합니다.

• 집단 구성원의 긴장과 불안감 해소와 상호 친밀감 형성
• 프로그램의 목적에 관한 보다 분명한 이해
• 집단에 대한 기대와 소속감 및 안정감
• 집단과 집단원에 대한 믿음
• 집단에서 즐거움을 경험
• 규칙에 대한 보다 깊은 이해와 준수

과정	내 용	
	1~3학년	4~6학년
들어가기	• 안마사(1.3-18)	• 풍선 터트리기(1.6-2) • 진주조개파도(1.6-1)
활동	• 온몸으로 인사해요(1.1-79) • 돌아잡기(2.4-78) • 이름 잇기(1.1-37)	• 이름 훔쳐보기(1.1-65) • 엉킨 실타래 풀기(1.1-9) • 만일 내가(1.3-43)
마무리	• 오늘 나는…(1.1-102)	• 오늘 나는…(1.1-102)
지도자 숙지사항	• 놀이규칙 • 집단명 의논 및 결정	

지도자 : "어린이 여러분, 그동안 잘 있었나요? 반가워요. 오늘은 여러분과 두 번째로 만나는 모임인데 지난번 처음 만났을 때보다 오늘은 더 신나게 놀았으면 좋겠어요. 여러분도 그러고 싶지요?"

지도자가 이런 방식으로 첫 인사에 기대를 담아서 두 번째 모임으로 초대하십시오.

지도자 : "지난번에 여러분께 과제를 내주었는데 기억하죠? 내가 이 집단 이름을 '행복한 만남과 사귐'이라고 지었었는데 더 멋진 우리 이름을 정해봅시다. 자! 그러면 누가 먼저 말해볼까요?"

지도자는 모임을 시작하면서 이렇게 말하더라도 당장 정하지 않아도 됩니다. 이번 모임을 마치기 전에 정하기로 하고 더 생각해보도록 초대하기 바랍니다. 이어서 곧바로 〈안마사〉 모션송으로 들어갑시다.

지도자 : "여러분 '퐁당퐁당' 노래를 알고 있지요? 함께 불러봅시다."

안마사(1.3-18)

참가자들은 원대형으로 둘러앉아서 동요를 함께 부르면서 오른쪽 사람의 등에 주먹을 대고 서로 시원하게 안마해줍시다. 지도자가 "반대로!" 하면 몸을 돌려서 왼쪽 사람을 안마합니다. 노래가 끝날 때까지 계속하며 지도자는 "반대로!"를 수시로 합니다. 두드리기를 마치면 어깨를 주물러주기, 쓰다듬기, 간지럼 태우기 등으로 바꿔서 계속합시다. 노래는 '퐁당퐁당', '앞으로' 등이 적당하지요.

지도자 : "어린이 여러분, 빨리 내 앞으로 모이세요. 내가 지금 손에 들고 있는 풍선을 공중에 던지면 달려들어서 하나씩 잡아야 합니다. 그런데 혹시 풍선이 모자를 수 있으니 잽싸게 잡아야 합니다."

그런데 사실 풍선은 부족하지 않습니다. 어린이들이 보다 적극적으로 참여할 수 있도록 하기 위해 트릭을 사용한 것이지요. 이렇게 하여 지도자가 풍선을 공중으로 높이 흩뿌리면 어린이들은 정신없이 풍선을 줍습니다. 지도자는 어린이들이 각자 풍선을 크게 불어서 묶도록 한 다음 풍선 색깔별로 모이도록 합니다. 이렇게 하면 모둠이 자연스럽게 만들어집니다.

참가자 수만큼의 풍선을 색깔별로 4~6개씩 준비해둡니다. 지도자는 아무런 설명 없이 어린이들을 모아놓고 그 중앙에 풍선뭉치를 공중에 흩뿌리면서 "빨리 잡아라!" 하고 외칩니다. 그러면 어린이들은 정신없이 풍선을 잡는답니다. 이렇게 하여 어린이들이 모두 풍선을 하나씩 집으면 풍선 색깔별로 모여서 풍선을 크게 불어서 묶도록 합니다. 그런 다음 놀이규칙을 알려주는데 매우 간단합니다. 시작이 되면 어느 풍선도 손으로 잡을 수 없습니다. 그러면서 다른 모둠의 풍선을 발로 밟아서 터트리는 것입니다. 다시 설명하면 어떤 풍선도 손으로 잡을 수 없고 손으로 풍선을 터트리는 것은 반칙입니다. 그러므로 자기 모둠 풍선은 손바닥으로 쳐서 높이 하늘로 올려서 다른 모둠 사람들이 터트리지 못하도록 보호하고 다른 모둠의 풍선은 손으로 쳐서 바닥에 떨어뜨려서 발로 밟아서 터트려야 합니다. 자! 모두 준비되었으면 시작하세요.

준비물 : 4~6가지 색깔의 풍선(인원수만큼)

술래 한 사람을 제외하고 학생들은 세 사람씩 만나서 그중에 두 사람이 양손을 맞잡고 나머지 한 사람을 그 안에 들어가도록 합니다. 가운데 들어 있는 사람이 '진주'가 되고 진주를 감싸고 있는 두 사람은 '조개'가 됩니다. 술래는 집 잃은 진주입니다. 그래서 술래가 "진주 나와!" 하고 외치면 진주들은 제집을 나와서 다른 조개를 찾아 들어갑니다. 이때 술래도 가까운 집에 들어가겠지요. 그러다 보면 집 잃은 진주가 반드시 나오는데 그 학생이 술래가 되면서 놀이가 이어지지요. 그런데 진주만 아니라 "조개 나와!"라고 할 수 있습니다. 이때는 진주를 감싸고 있는 조개 두 사람은 손을 잡고 있던 사람과 헤어져서 다른 진주를 찾아 조개가 됩니다. 이때 술래는 잽싸게 다른 사람과 만나 양손을 잡고 근처에 있는 진주를 감싸면 됩니다. 진주는 있는 자리에서 손을 들어서 자기가 진주임을 알려주십시오. 그래야 다른 사람들이 자기를 찾아와서 감쌀 것이니까요. 놀이는 이 정도로 그치지 않고 더욱 복잡합니다. 술래가 "파도야!"라고 외칠 수 있는데, 이때는 진주, 조개 누구나 할 것 없이 모두 새 판을 짜야 합니다. 영원한 진주, 조개는 없으므로 아무나 세 사람이 잽싸게 만나서 진주와 조개가 되면 됩니다. 이렇게 되면 그야말로 아수라장이 되어버리는데 짝을 이루지 못한 술래가 반드시 나옵니다. 이런 방식으로 놀이가 계속 이어지면서 요란법석 와자지껄해진답니다.

온몸으로 인사해요(1.1-79)

이 놀이는 처음 만난 사람들이 순식간에 친해지고 긴장을 풀도록 해줍니다. 모든 참가자들이 둥글게 둘러선 다음 지도자는 "어린이 여러분 반갑습니다. 이제 우리 서로 인사를 나누려고 하는데 인사를 좀 더 색다르게 하겠습니다. 내가 '머리 그리고 여섯'이라고 외치면 여러분은 주위의 사람들에게 다가가서 서로 머리를 맞대는 거예요. 그리고 숫자는 여섯 사람을 뜻하므로 여섯 사람들과 머리를 맞대며 인사를 나누도록 하세요. 알겠지요? 이제 시작하겠습니다."라고 합니다. 어린이들은 함께 노래를 부르면서 빙빙 돌다가 지도자가 알려주는 대로 주위 사람들과 빨리 짝을 짓도록 합니다. 예를 들어서 "무릎, 넷", "코, 다섯", "등, 일곱" 하는 식으로 진행하는데, 한번 만난 사람들과는 다시 만나지 않도록 하고 헤어져서 매번 다른 사람들과 짝을 짓도록 하십시오.

　모둠을 만들려고 하면 인원수만큼의 숫자를 부르세요. 같은 방식으로 숫자를 달리하여 계속해봅시다. 지도자는 단순히 숫자만을 부르지 말고 "같은 색깔의 양말끼리 모이세요."라거나 "생일이 같은 달에 있는 사람들끼리 모이세요." 하는 식으로 바꾸어 하면 더욱 흥미진진해집니다.

▶▶▶ **어린이의 능동적 참여를 촉진하는 지혜**

함께 큰 원을 만들고 부르는 노래는 '둥글게 둥글게'가 적절합니다. 이 노래를 부를 때 목소리도 크고 동작선도 요란하게 할 필요가 있습니다.

　참고로 '둥글게 둥글게' 노래를 율동과 함께 부르는 것을 그림으로 설명해드리겠습니다.

- 둥글게 둥글게 '야!'(반시계 방향으로 세 걸음 걸어가다가 '야!' 하고 외칠 때 왼발을 높이 들어 올립니다)
- 둥글게 둥글게 '야!'(시계 방향으로 세 걸음 걸어가다가 '야!' 하고 외칠 때 오른발을 높이 들어 올립니다)
- 빙글빙글 돌아가며 춤을 춥시다(양옆 사람들과 잡은 손을 놓고 그 자리에서 돌면서 춤을 춥니다)

- 노래를 부르며 '야!'(양옆 사람들과 다시 손을 잡고 중앙으로 세 걸음 걸어갑니다)
- 손뼉을 치면서 '야!'(뒷걸음질로 세 걸음 돌아갑니다)
- 랄라랄라 즐거웁게 춤추자(양옆 사람과 손을 놓고 그 자리에서 돌면서 다시 춤을 춥니다).

지도자는 노래 중간에 아무 때나 노래 부르기를 중단하고 짝짓기를 주문하십시오.

학생들에게 '다시는 만나서는 안 된다'고 지도자가 미리 알려줄 이유가 있습니다. 놀이를 하다 보면 친한 친구들끼리만 붙어 다니게 됩니다. 그러니 다른 사람들과 사귈 수 있는 기회를 갖지 못하게 되지요. 그래서 학생들이 다른 친구들과 만날 수 있는 자리로 초대하려는 것입니다. 실제로 청소년 집단에서 존재하는 하위 집단을 무력화하기가 무척 힘들고, 그만큼 많은 시간과 에너지를 소비하게 됩니다. 그런데 실제 상황에서 지도자가 '끼리끼리 만나지 말라'고 그룹핑하는 학생들에게 말하면 심각한 저항에 부딪혔을 텐데, 놀이규칙으로 알려주면 학생들은 별 저항 없이 따라 하게 됩니다. 이때 청소년들이 '다시 만나서는 안 된다'는 말을 위협적으로 느끼지 않도록 주의하십시오. 놀이규칙이라며 유머러스하게 말하면서도 이를 학생들이 편안하게 받아들일 수 있도록 설명해주는 지혜를 개발하십시오.

돌아잡기(2.4-78)

먼저 달팽이 모양의 선을 땅바닥에 크게 그려놓습니다. 두 모둠으로 나누어서 각각 자신의 진지에 들어갑니다. 시작되면 양 모둠에서 한 사람씩 상대 모둠의 진지를 향하여 힘차게 뛰어갑니다. 그러다가 만나는 지점에서 두 사람은 마주 보고 '가위바위보'를 하고, 이긴 사람은 바로 "이겼다!"라고 외친 다음 계속해서 상대방의 진지를 향해 뛰어갑니다. 진 사람은 곧바로 놀이터 밖으로 나가도록 하며, 진 모둠에서는 상대방의 "이겼다!" 소리가 들리자마자 한 어린이가 진지에서 뛰어나가서 돌격해오는 적과 마주쳐야 합니다. 이렇게 하여 마주친 장소에서 또 '가위바위보'를 하며, 결국에는 상대 모둠의 진지를 먼저 밟은 모둠이 이기게 됩니다. 진지를 밟기도 전에 상대 모둠의 어린이들을 모두 이기는 경우도 마찬가지입니다. 선을 밟은 어린이는 즉시 놀이터 밖으로 나가도록 합시다.

이름 잇기(1.1-37)

〈이름 잇기〉는 집단에서 처음 만난 사람들의 이름을 외우는 데 사용하는 고전적인 활동입니다. 한 사람이 자기 이름을 말하면 다음 사람은 첫 번째 사람의 이름을 먼저 말하고 자기 이름을 댑니다. 세 번째 사람은 첫 번째, 두 번째 사람의 이름을 대고 자기 이름을 말합니다. 예를 들면, "사라 옆에, 우인이 옆에, 종민이"와 같이 하면서 마지막 사람까지 계속해보세요. 이렇게 어린이들의 이름을 반복해서 말하고 들으면서 다른 사람들의 이름을 쉽고도 자연스럽게 외울 수 있게 됩니다.

첫 회기에 〈내 이름에 한 가지 더〉를 가지고 자기소개를 하고 어린이들이 친구 이름을 외웠지요. 그런데도 〈이름 잇기〉로 한 번 더 하는 것은 집단에서 친구들과 이름을 부르며 지내는 것이 너무나 중요하기 때문입니다. 이번 〈이름 잇기〉 놀이를 계기로 하여 서로 이름을 부르고 지내는 것을 집단의 문화로 만들어봅시다.

이름 훔쳐보기(1.1-65)

어린이들에게 종이를 두 장씩 나누어 주고 그중 종이 한 장에 각자 크레용이나 매직펜으로 자기 별명을 크게 쓰도록 합니다. 이때 나만이 알고 있는 별명이어야 하고 다른 친구들에게 절대로 보여주지 않도록 하십시오. 모든 사람이 별명을 기록한 종이를 등에 붙이도록 한 다음, 시작이 되면 다른 사람들의 등에 적혀 있는 별명을 훔쳐보고 자기가 들고 있는 종이에 이를 기록하도록 합니다. 동시에 자기 별명은 다른 사람들이 볼 수 없도록 감추어야 합니다. 하지만 벽에 등을 대고 있거나 손으로 가리는 것은 반칙입니다. 정해진 시간 내에 가장 많은 이름을 적은 사람이 누구인지 알아봅시다.

준비물 : 종이(A4용지 1/4 크기, 인원수만큼), 크레용 또는 매직펜

〈이름 훔쳐보기〉는 다른 놀이들보다 더 정신없이 뛰어다녀야 하는 놀이입니다. 그런데 이 놀이는 특별한 맛이 있습니다. 어린이들은 등에 붙인 자기 별명(또는 이름)을 감추면서 동시에 재빨리 움직여서 다른 친구들의 별명을 최대한 많이 훔쳐보아야 합니다. 그런데 이 놀이를 여러 번 하다 보니까 일관된 원칙이 있음을 깨닫게 되었습니다. 자기 이름을 감추려고 마냥 등을 벽에 대고만 있거나, 그 자리에 서 있으면서 이름을 감추고 있기만 하는 어린이가 있습니다. 그런 어린이는 다른 사람이 자기 이름을 볼 수가 없지요. 하지만 자기도 다른 사람의 이름을 볼 수가 없더라는 것입니다. 자기 것을 보여주지 않으려니까 다른 사람들의 것도 알 수 없게 됩니다. 이와는 달리 바쁘게 뛰어다니는 사람은 그만큼 다른 사람들의 이름을 많이 알게 되고 자기 이름도 다른 사람들에게 많이 드러내게 되지요. 자기개방(self-disclosure)을 많이 할수록 인간관계를 더 많이 깊이 맺을 수 있다는 사실이 놀이에서 그대로 드러납니다.

엉킨 실타래 풀기(1.1-9)

6~8명씩 여러 모둠을 만들고 모둠별로 손을 잡고 둥글게 서도록 합니다. 지도자는 어린이들에게 각자 자기와 손을 잡고 있는 양옆 사람을 기억하도록 한 다음 시작이 되면 손을 풀고 가운데로 달려들어가서 서로 뒤엉키도록 합니다. 이때 자기 모둠에서만 해야지 다른 모둠 친구들을 찾아가서는 안 됩니다. 지도자가 "그만!" 하고 외치면 학생들은 그대로 서 있는 상태에서 안으로 모여들어가 각자 자기와 손을 잡고 있던 좌우 두 사람을 찾아서 움직이지 않고 손만 내밀어서 잡도록 합니다. 그렇게 되면 마치 실타래가 엉킨 것처럼 손들이 이리저리 얽혀 있습니다. 그런 상태에서 지도자가 "여러분 지금 손들이 마구 엉켜 있지요? 그런데 신기하게도 원래의 모습으로 풀린답니다. 정말 풀려져요. 잡고 있는 손 아래로 빠져나가고 넘어갈 수도 있어요. 그러다 보면 풀려져요. 그런데 손을 놓지 말아야 합니다. 형편없이 꼬여 있어도 절대로 손을 놓지 말고 풀어보기 바랍니다. 자, 시작해보세요." 이렇게 말한 다음 각 모둠들이 시작합니다. 이렇게 하다 보면 제일 먼저 성공한 모둠이 나오게 되고 "와! 신기하다!", "재미있다!"는 소리들이 절로 터져 나옵니다. 그런 모둠은 이제 어떻게 하는 줄 알고 있으니까 다시 한번 해보도록 합니다. 아직까지 못한 모둠들은 성공할 때까지 그대로 놓아두면 됩니다. 언젠가는 그들도 하게 될 테니까요. 여러 번 반복해서 자발적으로 시도하는 동안 학생들은 보다 더 즐기게 되고 친구들과 함께하는 기쁨을 누리게 됩니다.

〈엉킨 실타래 풀기〉놀이를 하면서 경쟁으로 몰아붙이고 등수를 매기고 점수를 주는 것은 말이 안 되는 일입니다. 특히 이 놀이는 누가 더 잘하고 못할 수가 없습니다. 매번 할 때마다 상황이 달라지기 때문이지요. 어떤 때는 쉽게 풀렸는데 다시 해 보니까 어려워지고 푸는 시간이 들쑥날쑥합니다. 그런 놀이를 가지고 등수를 매길 수 없는 것입니다. 개인이든 집단이든 모험하고 도전하는 데서는 경쟁이 있을 수 없습니다. 힘든 과제(목적지)에 도달하기 위해 함께 힘을 모아 도전하는 모험에 경쟁이 개입되면 위험한 일이 벌어지고 학생들 사이에 갈등과 반목이 생깁니다.

지도자 : "와! 처음에는 '이게 과연 될까?' 긴가 민가 의심스러웠는데 우리 모두 멋지게 해내었네요. 여러분의 이런 모습을 보면서 우리를 힘들게 하는 많은 문제들이 이렇게 풀려졌으면 하는 기대를 하게 됩니다!"

지도자는 놀이를 마치고 나서, 또는 놀이를 반복하는 동안에 이런 정도로 자신의 기대와 소망을 나눌 수 있습니다. 하지만 이러한 생각들이 학생들의 입을 통해서 나누어질 수 있도록 노력하십시오. 학생들이 느끼고 떠오르는 그러한 생각들을 그들이 스스로 드러내고 나눌 수 있는 분위기를 조성하고 촉진해주는 것이 지도자가 해야 할 몫입니다.

▶▶▶ 놀이하는 지혜 : 땀을 흠뻑 흘리며 신나게 놀아야 합니다

어린 시절 우리는 산과 들, 골목을 헤집고 다니면서 하루 종일 뛰어놀았습니다. 그런데 요즘 어린이들은 컴퓨터·인터넷 게임, 스마트폰에 빠져서 몸이 망가지고 정신이 병들어가고 있습니다. 어린이들의 영혼과 몸이 병들어가는 이유는 분명합니다. 한참 놀아야 하는 어린이들에게서 몸을 빼앗아버렸기 때문입니다. 다시 말해서 그들이 마땅히 누려야 할 놀이를 박탈당했기 때문입니다. 컴퓨터 게임, 인터넷 게임, 스마트폰으로 하는 게임에는 몸이 필요 없습니다. 오로지 화면만 응시하면서 손가락으로 기판을 두드리기만 합니다. 그러니까 몸이 병들 수밖에 없지요. 몸만 아니라 영혼도 함께 파괴되어버립니다. 이것이 어린 청소년들에게 놀이를 시급히 돌려주어야 하는 이유입니다. 그래야만이 청소년들을 살려낼 수 있습니다.

▶▶▶ 놀이하는 지혜 : 지적과 알림의 차이

특히 경쟁놀이를 할 때 규칙을 어겨서라도 무조건 이기려고 하는 어린이가 많습니다. 그러다 보니 슬쩍 반칙을 하는 어린이들이 있습니다. 그렇다고 성급하게 지도자가 "야! 너 반칙이야. 나와!" 하는 식으로 어린이를 꾸짖지 않도록 조심하세요. 이런 때 무조건 야단치기보다는 어린이가 규칙을 위반한 사실을 깨닫고 이를 인정할 수 있도록 하십시오. 이렇게 하게 되면 어린이는 야단맞는 불쾌한 느낌을 받지 않으면서 자기의 잘못을 인정하고 고칠 수 있게 됩니다. 지도자는 어린이들이 죄의식을 느끼지 않으면서 잘못을 인정하고 이에 대해 책임을 질 수 있도록 도와주십시오.

만일 내가(1.3-43)

어린이들 각자 자신이 동물, 새, 자동차, 음식, 꽃, 악기 또는 건물이라고 가정해보고 이에 관해 이야기를 나누어봅시다. 이 활동은 어린이들이 자기가 누구이며, 어떤 사람이 되고 싶고, 또 무엇을 하고 싶어 하는지를 구체적으로 인식할 수 있도록 도와줍니다. 어린이들은 둘씩 짝을 지어 서로 자신이 선택한 것과 그 이유를 이야기 나누도록 하십시오.

예를 들면, 다음과 같습니다.

"만일 내가 건물이라면, 레고로 집을 만들고 싶어요. 매일매일 만들고 싶거든요."

"만일 내가 과일이라면, 나는 바나나가 되겠어요. 바나나처럼 마음속이 뽀얗고 부드럽습니다."

"만일 내가 새라면, 부엉이가 되고 싶어요. 나는 이 나라를 지키는 경찰관이 되고 싶으니까요."

오늘 나는…(1.1-102)

〈오늘 나는…〉은 회기를 마무리하는 시간에 적절한 활동입니다. 집단원들에게 아래의 활동지를 나누어주고 작성하도록 하십시오. 그런 다음 서로 돌아가면서 자기가 적은 내용을 나누어보세요. 미완성 문장을 가지고 하는 이 활동은 기록하지 않고 말로 설명해도 됩니다. 다섯 가지 문항을 모두 하지 않고 한두 가지만 하세요. 그렇게 할 수 있는 시간 여유도 없고요. 부정적 언급을 할 수 있도록 해주는 4번 문항이 들어 있으면 아이들은 이 모임에서는 어떤 말도 할 수 있겠다는 기대를 가지게 됩니다.

---

1. 오늘 나의 느낌은 _____합니다.
2. 오늘 나는 _____을(를) 배웠습니다.
3. 오늘 나는 _____ 때문에 기분이 좋습니다.
4. 오늘 나는 _____ 때문에 속상합니다.
5. 오늘 나는 _____을(를) 깨달았습니다.
6. 오늘 나는 _____이(가) 자랑스럽습니다.

우리새끼

지도자 : "어린이 여러분, 오늘도 즐거웠나요? 이번이 두 번째인데 처음보다 더 신나고 서로 친해진 것 같아요. 이제 우리 집단의 이름을 결정해야겠군요. 누가 먼저 말해주겠어요?"

이렇게 지도자가 말을 꺼내고 나서 어린이들이 직접 집단명을 정하도록 하십시오. 아무리 좋은 이름이라도 지도자가 지어주는 것과 그들이 스스로 이름을 만드는 것은 하늘과 땅만큼 다릅니다.

이제 어린이들에게 미완성 문장으로 된 〈오늘 나는…〉 활동지(82쪽 참조)를 나누어주세요. 그런 다음 한 사람씩 돌아가면서 발표하도록 하십시오(라운드 기법). 어린이들이 돌아가면서 한마디씩 하도록 하는 라운드 기법은 집단에 참여한 모든 사람들에게 공평하게 참여할 수 있도록 해줍니다. 라운드는 몇몇 사람이 집단을 지배하지 못하도록 하는 데 도움이 됩니다. 이 활동은 기록하지 않고 미완성 문장을 말로 발표해도 됩니다. 다섯 가지 문항 모두를 하지 말고 그중에서 한 가지만 정해서 나누도록 하십시오. 4번과 같이 부정적인 항목을 넣어둔 것은 좋은 말만 해야 할 것 같은 부담에서 벗어날 수 있도록 해줍니다. 지도자는 어린이들이 자기의 생각과 느낌을 부담 없이 자유롭게 표현할 수 있도록 도와주십시오.

▶▶▶ 놀이는 기술이 아니라 마음으로 하는 것입니다

놀이에 목적이 없다는 점에 대해서는 앞에서 놀이를 정의하면서 이미 알아보았습니다. 놀이에 목적이 없는 것은 분명한 사실입니다. 교육, 상담, 치료를 명분으로 의도적인 목적이 개입되면 놀이는 망가집니다. 그러므로 가르치고 상담하고 치료하려는 의도를 내려놓아야 합니다. 그 의도가 바르고 그들을 위한 일이라고 하더라도 말입니다. 많은 사람들이 이 점에 대해 의아해하고 이의를 제기합니다. 놀이상담 워크숍에서 많은 참가자들로부터 제일 빈번하게 듣는 질문이기도 합니다. 어떻게 목적 없이 놀이를 할 수 있느냐는 것이지요. 목적이 없는 상담이 있을 수 있느냐는 것입니다.

놀이는 마음과 고백으로 하는 것이지 기술로 하는 것이 아닙니다. 나는 청소년들이 즐겁고, 자유롭고, 행복하기를 바라면서 그들이 주인공이 되어서 놀이하기를 바라고 있습니다. 그러면서 나는 그 자리에서 가능한 한 빨리 사라지기를 바라고 있으며 그렇게 되는 것이 나의 궁극의 꿈입니다. 내가 있는 자리에서 그들은 언제나 내 예하에 매어 있게 되고, 피교육자에서 벗어날 수 없다고 보기 때문입니다. 그들이 자기로서 자기가 되어 스스로 존재하고 행동하고 느끼고 경험하면서 자기에 대해 책임을 지는 가장 자기다운 사람으로 성장하고 발전하도록 하기 위해서는 내가 사라져야 합니다. 내가 자리를 떠야 내가 떠난 자리에서 비로소 그들에게 자기가 될 수 있는 기회가 주어집니다. 우리가 어린 시절 친구들과 놀았던 그 자리가 그렇지 않았던가요? 우리가 친구들과 뛰어놀던 그 자리에 어른들이 없었잖습니까? 어린 시절 우리가 놀았던 그 자리에 어른이 끼어들어서 이래라 저래라 가르쳤다고 생각해봅시다. 얼마나 끔찍한 일이었겠습니까?

그렇다고 청소년들에게 지도자가 필요 없다는 말은 전혀 아닙니다. 그들을 신뢰하고 존중하고 지지하고 가르치기를 포기하고 자기의 자리를 선뜻 비워 그들이 스스로 할 수 있도록 후원하는 지도자야말로 올바른 지도자일 것입니다. 이런 사람이 진정한 놀이지도자이지요. 지도자가 기대와 소망, 애정, 그리고 사랑하는 마음을 가지고 청소년들과 함께 그냥 즐겁게 놀기만 하였는데도 그런 마음이 그들에게 고스란히 전달되어 도움이 되는 것을 보면 실로 신기합니다. 가르치려는 노력을 전혀 하지도 않았는데 말입니다.

청소년들을 어떻게라도 돕고 싶어서 안타까워하면서 청소년들과 함께 놀았을 뿐인데, 그렇게 힘들어하던 청소년들이 지도자로 인해 행복해하고 힘을 얻고 변화하는 모습을 나는 놀이현장에서 늘 목격하고 있습니다. 지도자의 진정한 온정적인 마음이 어쩌면 그렇게 고스란히 그들에게 전달되는지 신기합니다.

나는 이런 일들을 자주 겪으면서 놀이에는 목적이 없으나 한편으로는 꼭 없다고도 할 수 없겠다는 생각을 하게 됩니다. 그런 마음이 없이 하는 놀이는 공허합니다. 지도자의 진솔한 고백과 애정 어린 관심은 놀이에서 고스란히 청소년들에게 전이됩니다. 이것이 청소년들을 변화시키고 치유하는 놀이가 가진 신비스러운 힘입니다. 놀이지도자는 기술로 하는 것이 아닙니다. 진정한 놀이지도자는 청소년들을 이해하고 존중하고 그들과 함께 있고 싶어 하면서 그들을 독립적 인격체로 세우고자 하는 마음을 가진 그런 사람입니다. 그런 지도자는 청소년들이 스스로 성장하도록 하는 지혜를 가지고 있습니다.

▶▶▶ 놀이하는 지혜 : 규칙을 지키지 않는 경우에는 어떻게 해야 하는가

한 사람이 놀이규칙을 어겼을 때 잘못을 지적하고 추궁한다고 문제가 해결되지 않습니다. 그보다는 규칙을 어긴 사람이 자기가 반칙을 범한 사실을 지각할 수 있게 깨달을 수 있도록 하는 것이 중요합니다. 경청도 마찬가지입니다. 떠들고 산만한 사람에게 "왜 경청하지 않느냐?"며 야단치지 말고, 우선 '내가 지금 당신에게 말하고 있다'는 사실을 지각할 수 있도록 할 필요가 있다는 말입니다.

이 말이 이상하게 들릴 수 있을 것입니다. 요즈음에는 다른 사람이 자기에게 말을 하고 있는 사실조차 인식하지 못하고 있는 학생들이 많습니다. 그런 학생에게 "너, 왜 떠드니? 말 좀 들어라." 하고 말하게 되면 학생 입장에서 볼 때 부당하지요. 그래서 나는 학생들을 야단치고 지적하기보다는 우선 '내가 지금 너에게 이야기하고 있다'는 사실을 수시로 알려주려고 노력합니다. 그러면 그들은 시간이 문제이지 언젠가는 내 말에 귀를 기울이고 경청하기 시작합니다. 문제는 청소년들이 경청할 수 있게 되기까지 기다릴 수 있는 충분한 시간을 우리나 청소년이나 모두가 가지고 있지 못하다는 데 있습니다. 이것이 우리 모두를 힘들게 만들고 있습니다.

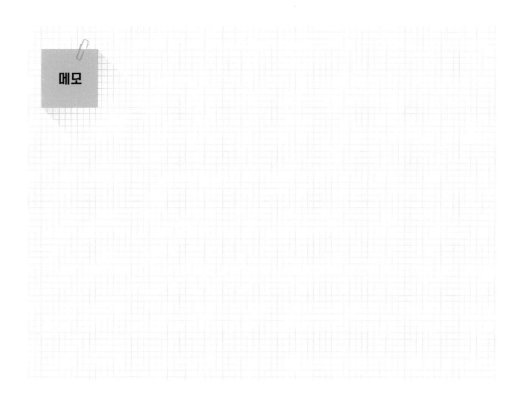

메모

집단상담과 개인상담 비교

집단상담은 1947년 쿠르트 레빈과 MIT 동료들이 인간관계 기술 습득과 개인적인 변화를 경험하기 위한 목적으로 개발한 훈련 집단, 그리고 같은 시기에 로저스가 시카고 대학 상담센터에서 개인의 성장과 대인관계 의사소통 개선 및 발전을 목적으로 집중적인 집단경험을 하는 참만남 집단으로 시작되었습니다. 레빈의 훈련 집단은 특히 산업계를 중심으로 각광을 받았으며, 로저스의 참만남 집단은 본인 스스로 "금세기에 가장 급속하게 확산되는 가장 강력한 영향력을 가진 사회적 발명품"이라고 말할 정도로 혁명적인 발전을 이루었습니다. 집단상담(치료)은 제2차 세계대전의 종전과 관련이 있습니다. 급증하는 환자들을 개인상담으로는 도무지 감당할 수가 없었던 것입니다. 또한 개인상담이 장기간에 걸쳐 이루어진다는 점, 비싼 상담료 등 현실적인 난제를 해결하기 위한 대안으로 집단상담이 탄생한 것은 부정할 수 없는 사실입니다.

이러한 이유로 집단치료는 개인치료보다 못하다는 오해를 들어왔습니다. 하지만 그렇지 않습니다. 현존하는 대표적인 집단치료사 얄롬(2008)은 집단치료가 개인치료만큼 효과가 있다고 하였습니다. 잘 통제된 32개의 집단치료와 개인치료를 비교한 메타분석 연구에 따르면 25%의 논문들은 집단치료가 개인치료보다 더 치료효과가 있으며, 나머지 75%도 집단치료와 개인치료 사이에 유의미한 차이가 없다고 합니다. 주목할 점은 개인치료가 집단치료보다 더 효과적이라는 연구는 한 편도 없었다는 것입니다(255).

이제 청소년들을 대상으로 인간관계 개선과 사회적 기술개발을 목적으로 놀이로 하는 집단상담인 '행복한 만남과 사귐' 프로그램에 대해 생각해보기로 하겠습니다. 우리나라는 급격한 출산율 저하로 인해 아동·청소년들이 급격히 감소하고 있습니다. 외동자녀, 이혼으로 인한 한부모 가정, 조손 가정의 증가, 여기에 부모를 포함한 다른 사람들과의 인간관계 단절로 인해 가정, 학교, 지역사회 어디서나 인간관계를 맺을 수 있는 기회가 급속도로 감소하고 있습니다. 청소년들은 모두 고립되어 있는 채로 살아가고 있으며 다른 사람에 대해 관심도 없고 기대조차 하지 않은 채로 살아가고 있는 것이 오늘의 안타까운 실상입니다.

에릭슨은 청소년기에 또래 친구들과 친밀한 관계를 맺을 수 있어야 바람직한 인성발

달이 이루어진다고 하였습니다. 그렇지 않으면 성인이 되어서도 온정적인 인간관계를 맺을 수 없게 되어서 인간관계에서 소외되고 고독을 겪게 되거나 무미건조한 삶을 살게 된다고 경고하였습니다. 성장 발달과정에서 부모를 포함한 중요한 타인들로부터 충분히 신뢰받지 못하고 자라면 자기를 부정하고 신뢰하지 못하게 되며, 그런 사람은 다른 사람들을 신뢰하지도 못합니다. 나아가 열등감을 가지고 자기를 비하하게 되어 다른 사람을 수용하거나 사랑하지 못하는 불구자가 되기 쉽습니다.

이러한 점에서 오늘의 청소년들에게 집단에서 가지는 공동체생활 경험은 매우 시급한 과제입니다. 바람직한 인간관계를 맺기 위해 필요한 대인관계 및 의사소통 기술을 익히는 데 개인상담은 적절하지도 효율적이지도 않습니다. 집단에서 친구들과 만나 인간관계를 맺는 가운데 상호작용을 통하여 직접 경험하면서 체득해나가는 길밖에 없습니다.

3회기

강조점
• 신뢰와 의지
• 적극적 경청
• 집단에서의 안정감과 믿음
• 자기개방, 피드백 실습

과정	내 용	
	1~3학년	4~6학년
들어가기	• 박수치기(2,2-4) • 거저 먹기(2,3-75)	• 사치기 사치기 사뽀뽀(2,1-119)
활동	• 알쏭달쏭(1,1-85) • 물동이 맞히기(2,2-95) --- • 나만이 가진 특징(1,3-48)	• 마주 서서 함께 앉고 일어서기(1,1-1) • 서로 의지하고 받쳐주기(1,1-2)
마무리	• 조해리의 창(1,3-53)	• 조해리의 창(1,3-53)
지도자 숙지사항	• 지도자와 학생, 학생과 학생 간에 경청이 잘 이루지고 있는지 확인 • 과도기로 진입했는지 확인 • 〈조해리의 창〉에 대한 이해	

지도자 : "어린이 여러분, 다시 만나서 반가워요. 그동안 모두 잘 있었죠? 지난번에 우리 모둠의 이름을 _____라고 여러분이 직접 만들었는데 이제 그 이름으로 세 번째 만남을 가지게 되었군요. 오늘도 신나게 놀아봅시다. 그런데 한 가지 어린이 여러분과 나누고 싶은 것이 있습니다. 우리가 정말로 즐겁고 행복하게 놀기 위해서 말입니다."

지도자가 이렇게 집단을 열면서 처음에 했던 두 가지 약속, 즉 **경청하기**와 **시간 지키기**를 다시 확인하고 함께 지키기로 다짐하십시오. 그리고 놀이에서 규칙이 얼마나 중요한지에 대해서도 간단하게 알려주면서 모임을 시작합시다.

지도자는 이런 말로 모임을 열고 나서 〈박수치기〉로 들어갑시다. "자! 우리 함께 박수 치면서 모임을 시작합시다."

박수치기(2.2-4)

지도자는 어린이들 앞에서 두 손을 왼쪽에 위아래로 세웁니다. 그리고 어린이들에게 이제 양손을 흔들어서 손바닥이 겹칠 때는 박수를 치고, 겹치지 않을 때는 박수를 치지 말도록 하십시오. 지도자는 손을 흔들어서 두 손바닥이 마주칠 찰나에 멈춥니다. 그러면 속아 넘어가서 박수를 치는 어린이가 나올 것입니다. 지도자는 어린이들이 속아 넘어가도록 재미있게 진행해보세요.

거저 먹기(2.3-75)

이 놀이는 어린이들이 지도자에게 다가갈 수 있도록 해주는 계기를 마련해줍니다. 어린이들은 엉뚱하고 한편으로는 엉성한 선생님을 편안해한답니다. 일단 어린이들을 테이블 주위에 둘러서도록 하세요. 지도자가 테이블에 빵 하나를 올려놓고 그릇으로 덮은 다음 이를 보자기로 씌웁니다. 지도자는 이렇게 진지한 목소리로 말합니다. "얘들아, 나는 그릇에 손가락 하나 대지 않고 안에 들어 있는 빵을 감쪽같이 꺼내 먹을 수 있단다." 그러면 어린이들은 "정말? 에이, 어떻게 그럴 수 있어요?"라는 식의 반응을 보일 것입니다. "너희들은 선생님이 마술사라는 걸 아직도 모르고 있구나. 정말인지 아닌지 한번 해볼까?" 지도자는 이렇게 자신 있게 말하고 나서 이내 심각한 표정을 지으면서 이상야릇한 행동을 합니다. 보자기 위에 손을 얹고 기합주기, 기도하는 모습으로 중얼대기 등 여러 가지 방법으로 말입니다. 이제 지도자가 "얍" 하는 기합을 외치면서 보자기를 내리칩니다. 그런 다음, "자, 이제 빵이 없어졌다. 그릇을 들어 보렴." 하고 자신 있게 말합니다. 한 어린이가 그릇을 조심조심 들어보니, 웬걸? 그대로 있잖아? "하하하 호호호 낄낄 까르르" 선생님 체면이 말이 아닙니다. 정말로 안됐습니다. "얘들아, 기합이 덜 들어갔나 보다. 다시 한번 해볼까?" 선생님은 처음보다 더 심각한 표정을 지으면서 힘차게 기합을 주고 보자기에서 두 손을 뗍니다. "이제 됐다! 그릇에 손대지 않고 선생님이 빵을 먹었단다. 자, 이제 그릇을 들어봐." 어린이들은 설마 하는 마음으로 그릇을 들어 올리는 순간 아니! 이게 웬일입니까? 선생님이 그릇 아래에 놓여 있는 빵을 잽싸게 나꿔채서 입에 쏙 집어넣어버리는 것이었습니다. "우하하하, 그릇에 손대지 않고 빵을 꺼내 먹었지롱." 하고 말합니다. 어린이들은 서로 멍하니 바라보면서 '속았다!'는 사실을 그제야 알게 됩니다.

준비물 : 국그릇, 빵, 보자기

사치기 사치기 사뽀뽀(2.1-119)

어린이들이 둘러앉고 술래가 된 사람이 원 안으로 들어갑니다. 사람들은 모두 함께 "사치기 사치기 사뽀뽀" 하고 외치면서 손으로 무릎을 두 번, 손뼉을 두 번 치는데, 술래 몰래 정한 한 사람이 다른 동작을 하면 나머지 사람들은 술래가 눈치채지 못하도록 하면서 그 동작을 따라 합니다. 술래는 동작을 바꾸는 사람을 찾아내야 하는데 요리조리 살펴보고 있다가 "너지?" 하고 지적합니다. 술래는 원 중앙을 벗어나지 말아야 합니다. 이렇게 하면서 술래가 알아맞히면 발각된 사람이 술래가 되어서 다시 하고, 틀리면 알아맞힐 때까지 계속합니다.

알쏭달쏭(1.1-85)

소집단별로 활동지(부록 1 참조)를 보이지 않게 나누어주고 신속히 □칸을 메우도록 합니다. 가장 먼저 제출하는 소집단에게는 일단 보너스 1점을 주겠다고 알려주십시오. 시작하는 순간 소집단 사람들은 머리를 맞대고 바삐 문제를 풀 것입니다. 이 놀이는 문제를 풀고 난 후가 문제입니다. 제일 먼저 문제를 푼 소집단이 나오면 지도자는 문제풀기를 마치도록 하고 정답을 알아봅니다. 여러 가지 대답이 나올 수밖에 없습니다. 즉 첫 번째 문제를 보면 구렁이, 지렁이, 우렁이 등이 있을 것입니다. 이때 지도자는 "정답은 설렁탕입니다." 하고 말해주십시오. 이것이 이 놀이가 가진 독특한 매력이랍니다.

준비물 : 활동지와 연필(집단 수만큼)

물동이 맞히기(2.2-95)

두 모둠으로 나누고 모둠 진영 사이에 선을 긋습니다. 두 모둠은 각자 왕을 한 사람씩 뽑은 다음 종이컵에 물을 담아서 왕의 머리 위에 올려놓으세요. 왕을 제외한 나머지 사람들은 2~3분 동안 신문지를 뭉쳐서 종이 폭탄을 많이 만듭니다. 왕은 자기 모둠의 구역 내에 그려놓은 지름 1m의 원을 벗어나지 못하며, 그 원 안에는 왕 말고는 아무도 들어갈 수 없습니다. 시작이 되면 사람들은 서로 종이 폭탄을 던져서 상대 모둠 왕의 머리 위에 있는 컵을 맞히도록 합니다. 폭탄을 던질 때 중앙선을 넘어서는 안 되며 상대편에서 날아온 폭탄을 주워서 던질 수 있습니다. 머리에 이고 있는 물컵이 폭탄에 맞으면 왕은 온통 물을 뒤집어쓰게 됩니다. 어느 모둠이 더 많이 맞히는지 겨루어봅시다.

준비물 : 신문지, 종이컵, 물

▶▶▶ 놀이하는 지혜 : 놀이규칙은 엄격하고 일관성이 있어야 합니다

지도자가 반칙을 한 어린이나 모둠을 슬쩍 봐주거나 모른 척하고 지나가는 일이 없어야 합니다. 지도자가 규칙을 좌지우지할 수 없습니다. 규칙이 엄정하고 공평하고 일관성 있게 지켜지는 가운데 놀이를 하게 되면 어린이들은 경쟁놀이에서 지더라도 속상해하지 않습니다. 그렇지 않으면 놀이판은 싸움판이 되어버리고 맙니다.

나만이 가진 특징(1.3-48)

6~10명씩 소집단을 나누고 어린이들에게 종이와 연필을 하나씩 나누어줍니다. 그런 다음 다른 사람들이 모르는 자기만의 특징, 장기, 경험 등을 서너 가지씩 생각해보고 종이에 적도록 합니다. 이때 다른 사람에게 그 내용을 보여주지 않아야 합니다. 소재는 너무 평범한 것보다는 조금 특별한 내용(예 : "나는 형제가 넷이다.")이나 평소 부끄럽게 여기고 있던 일(예 : "나는 초등학교 2학년 때 오줌을 싼 적이 있다.", "나는 밤을 새우며 컴퓨터 게임을 하다가 엄마한테 들켜서 야단맞은 적이 있다.")을 적도록 하세요.

이렇게 모두 마치면 한 어린이부터 첫 번째 특징을 소개합니다. 예를 들면 첫 번째 사람이 "내 오른쪽 귀에는 큰 점이 하나 있다."라고 말했다고 합시다. 그러면 다른 어린이들은 이를 듣고 있다가 귀에 점이 있는 사람은 즉시 손을 번쩍 들면서 "나도!"라고 큰 목소리로 외칩니다. 그때 세 어린이가 손을 들었으면 그 어린이는 손을 든 사람 수만큼 벌점(3점)을 받게 되며 자기 종이에 벌점을 적도록 합니다. 이런 식으로 모든 사람이 한 번씩 돌아가면서 자기의 특징을 소개해봅시다.

활동이 진행되는 동안 어린이들은 자기 종이에 적어놓지 않은 내용으로 바꾸어 소개해도 무방합니다. 다른 친구가 소개하는 특징이 자기 종이에 적혀 있지 않아도 됩니다. 어느 때든 자기도 그렇다고 생각하면 "나도!" 하고 외치면서 손을 들면 됩니다.

이렇게 하여 서너 번 반복한 다음, 각자 자기가 받은 벌점이 얼마인지를 합산해보고 누가 가장 적은 벌점을 받았는지, 가장 많은 벌점을 받았는지를 알아보세요. 이 활동은 어린이들이 자신을 자연스럽게 개방하고 자기와 친구들을 있는 그대로 수용할 수 있는 계기가 되어줄 것입니다. 이 놀이는 시간이 지날수록 엉뚱한 이야기들이 터져 나와서 웃음이 끊이지 않게 됩니다. 마지막으로 다른 모둠에서는 어떤 재미있는 일들이 있었는지 알아봅시다. 특별히 재미있는 특징을 가진 어린이들이 각 모둠에서 나와 다시 발표해보는 것입니다.

준비물 : 종이와 연필(인원수만큼)

〈나만이 가진 특징〉 놀이는 학생들이 안전한 분위기에서 자기를 마음껏 개방할 수 있는 기회를 가지게 됩니다. 학생들은 수치스러운 일이어서 감추고 있던 일들, 신체적 특성, 특이한 버릇, 황당했던 경험 등과 같은 것들까지도 다른 사람들에게 털어놓는 모험을 시도할 수 있도록 해줍니다. 자기를 개방하고 또 다른 친구들도 자기와 같은 그런 모습을 보면서 보다 편안하고 안전함을 느끼며, 즐거워지고 수용받는 느낌을 받게 되면서 학생들은 점차 동지애를 느끼게 됩니다. 내 워크숍에 참가했던 상담가가 이런 이야기를 들려주었습니다. 이 놀이를 하면서 한 중학생이 "나는 성이 두 개다."라고 크게 외치더랍니다. 그랬더니 한 학생이 "나도" 하며 손을 들었다고 하면서 그들이 재혼가정의 자녀라는 사실을 알게 되었다는 것이었습니다. 평소 감추고 지냈던 부끄러운 일인데 거기서는 자기를 드러내면서 수용받는 자리가 되더라며 놀라워했습니다. 자기개방이 힘든 주제인 것만은 아닙니다. 지금까지 말할 수 없었던 것들을 이 기회를 통해 자신을 드러내는 용기를 얻습니다. 그러면서 진짜 고민들을 밝히는 시도를 하는 계기가 됩니다.

마주 서서 함께 앉고 일어서기(1.1-1)

두 사람씩 짝을 지어서 마주 보고 서서 눈을 맞추고 인사를 나누도록 합니다. 그리고 두 사람이 양 손을 마주 잡고 선 상태에서 발끝이 서로 닿을 때까지 다가서도록 합니다. 이 동작을 지도자가 한 어린이를 나오게 하여 그와 함께 직접 시범을 보이면 어린이들이 이해하는 데 도움이 됩니다.

두 사람은 서로의 손을 붙잡은 상태에서 팔꿈치를 펴서 조금씩 몸을 뒤로 젖히고 천천히 무릎을 굽혀서 엉덩이가 동시에 바닥에 닿도록 앉게 합니다. 몸무게와 키가 다른 두 사람은 서로를 믿고 의 지하지 않으면 결코 성공할 수가 없습니다. 자기 혼자 힘만으로는 성공할 수 없답니다. 두 사람이 서로를 믿고 의지해야만이 함께 앉을 수 있게 되지요.

이렇게 해서 일단 앉으면 이제는 두 사람이 함께 일어나보도록 하세요. 일어서는 방법은 앉는 순 서와 반대로 하면 되는데, 이때도 혼자 힘쓰지 말고 짝에게 자신을 의탁해야 짝이 나를 지지해주어 서 넘어지지 않고 멋들어지게 함께 일어설 수 있게 됩니다. 이렇게 하여 단번에 성공하는 쌍도 있지 만 잘 안 되는 쌍들도 있을 것입니다. 뭐, 남들보다 더 잘해야 할 이유가 없습니다. 지도자는 어린이 들이 성공할 때까지 계속 시도해볼 수 있도록 지지하고 격려해주기 바랍니다.

어린이들이 모두 성공하면 지도자는 박수를 크게 치면서, "여러분, 정말 멋지게 잘하셨습니다. 그 러면 이제 옆에 있는 다른 쌍과 만나 네 사람이 한번 해볼까요?"라고 알려주십시오(과정이 끝날 때 마다 어린이들이 함께 박수를 쳐서 마무리하도록 하십시오. 그러면 어린이들이 주의 집중하는 데 도 움이 되어서 다음 놀이로 사뿐히 넘어갈 수 있게 된답니다).

이제 두 쌍씩 네 어린이가 모여서 손을 잡고 같은 방법으로 앉았다 일어서기를 해봅시다. 지도자 는 네 사람의 발끝이 모두 닿도록 하고 손은 어깨 높이까지 올려서 잡도록 알려주십시오. 이때도 잘 안 되는 집단이 나오는데 지도자는 이들에게 다가가서 계속 지지해주고 함께 힘을 모아서 앉고 일어 설 수 있도록, "하나, 둘, 셋" 하고 크게 함성을 지르도록 힘을 실어주기 바랍니다. 그리고 지도자는 어린이들 간에 정보교환이 활발히 이루어지도록 촉진해주십시오.

이렇게 4명이 성공하면 다시 8명이 모여서 해보도록 합시다. 인원수가 많아질수록 당연히 어려워 지는 반면 성공하면 그만큼 더 성취감이 높아진답니다. 8명이 성공하기란 쉽지 않답니다. 그래도 지 도자는 어린이들이 일단 시도해보도록 하고 어린이들 간에 의사소통이 활발하게 이루어질 수 있도 록 도와주세요. 어린이들은 대부분 뒤로 맥없이 뒤로 벌렁 자빠지게 되는데 그것은 실패가 아닙니 다. 그래서 더 재미있는 것이 이 놀이의 특별한 맛이랍니다.

지도자는 이렇게 1~2분 정도 기다리다가 반드시 바로 옆 사람과 손을 잡지 않아도 되니까 옆의 옆 사람과 손을 잡을 수도 있으니 서로 의논해보도록 하라고 알려주십시오. 이렇게 하면 16명, 32명까지도 함께 성공할 수 있답니다(8명 이상인 경우에는 좌우 양쪽 옆의 옆 사람과 손을 잡고, 15명 이상인 경우에는 옆의 옆의 옆 사람, 그러니까 좌우 세 번째 사람과 손을 잡으면 30명 이상도 됩니다. 이 놀이를 성공한 가장 큰 집단은 74명이었습니다). 어린이들이 협력하여 힘을 모으면 그 이상도 할 수 있습니다. 어린이 수가 20명 미만이면 모두 함께 시도해보세요.

지도자는 아래 그림을 보고 참고하되 어린이들에게 '이렇게 하라'고 가르치는 일이 없어야 합니다. 어린이보다 앞서서 가르치게 되면 놀이는 망가져버린다는 사실을 명심하십시오.

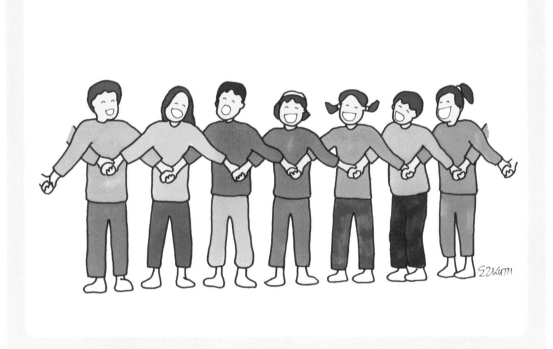

〈마주 서서 함께 앉고 일어서기〉(1.1-1)에 이어서 참가자들은 각자 헤어져서 다른 사람과 짝을 이루도록 하십시오. 지도자도 다른 사람을 짝으로 초대하여 그 사람과 시범을 보여주십시오. 두 사람은 마주 보고 양팔을 앞으로 쭉 편 상태에서 손바닥이 닿도록 합니다. 시작이 되면 두 사람은 동시에 몸을 곧게 편 상태에서 조금씩 뒷걸음질을 합니다.

이때 엉덩이가 빠져나오거나 무릎과 팔꿈치를 굽히지 않도록 하십시오. 그리고 한 가지 힌트를 드리는데 엉덩이를 내놓지 말고 집어넣으세요. 그래야 편안하고 안전합니다. 그렇게 조금씩 뒷걸음질을 하다 보면 두 사람 중 한 사람이 몸을 구부리거나 힘을 빼지 않는 한 서로를 의지하고 지탱하면서 간격을 상당히 멀리 할 수 있게 됩니다. 상대를 믿는 만큼 조금씩 더 멀리 벌릴 수 있게 되지요. 두 사람이 여러 번 해보면서 좀 더 멀리 벌릴 수 있도록 해보십시오. 이 놀이는 서로를 믿고 의지하지 않으면 절대로 할 수가 없습니다. 내가 믿지 않으면 내 짝이 나를 도무지 받쳐줄 수가 없답니다.

두 사람이 짝을 이루어 서로 지지해주면서 최대한 멀리 물러나본 다음에는 옆에 있는 다른 쌍과 합쳐서 네 사람이 같은 방법으로 해봅시다. 이 놀이는 8명도 함께할 수 있습니다. 한번 시도해보세요.

지도자는 "여러분은 이 놀이를 하면서 떠오르는 글자가 있지 않습니까?"라고 학생들에게 물어보십시오. 그러면 "사람 인(人)자요."라고 말하는 어린이가 있을 것입니다. 사람은 혼자 살 수 없습니다. 人자는 사람이 다른 사람을 믿고 의지하면서 살아가는 존재라는 것을 나타내고 있습니다.

▶▶▶ 놀이하는 지혜 : 놀이에서 어린이들 마음에 차곡차곡 쌓이는 믿음을 봅니다

나는 〈서로 의지하고 받쳐주기〉 놀이를 할 때마다 매번 믿음을 눈으로 직접 목격하게 됩니다. 그러면서 서로 믿고 의지하는 것이 얼마나 중요한지를 깨닫습니다. 두 사람이 서로 의지하고 지탱해주는 모습에서 그대로 사람 인(人)자의 뜻을 이해하게 됩니다. 나에게 너는 필요에 의해서 만나는 조건적인 대상이 아닙니다. 네가 없이는 내가 존재할 수 없으므로 너와 나는 필연적 관계입니다. 내가 너를 믿고 의지해야 네가 나를 지켜줍니다. 반대로 네가 나를 믿지 못하면 나는 너를 도무지 지켜줄 수 없는 것이 너와 나의 관계입니다. 인간(人間)은 '사람과 사람 사이'라는 뜻입니다. 사람을 정의하는 인간이라는 단어의 뜻이 '사람과 사람 사이'라니 도무지 말이 되지 않습니다. 일평생 이런 놀이와 함께 살고 있으니 나는 정말로 행복한 사람입니다.

3. 마무리 ⏰ 5/10분

지도자는 회기 중에 놀이와 활동을 하는 동안에 느낀 점이나 깨달은 생각이 있을 것입니다. 어린이들과 이에 대해 나누고 싶은 것이 있으면 간결하게 이야기해주어도 좋습니다. 다만 일방적으로 가르치지 마세요. 지도자가 느낀 점과 자신의 생각을 솔직하게 들려주거나 이에 관해 질문을 함으로써 어린이들이 이를 스스로 생각해보고 정리할 수 있도록 하십시오. 마지막으로 어린이들에게 한마디씩 말하도록 하거나, 시간이 없으면 2~3명의 어린이에게 느낌을 말해보도록 하고 회기를 마칩니다.

마무리 시간에 〈조해리의 창〉에 대해 간단히 설명해주는 것으로 마칠 수도 있습니다. 그러고 나서 다음 회기를 기대하고 다짐하는 마음으로 마무리하십시오.

메모

조해리의 창(1.3-53)

지도자는 아래의 '조해리 창(Johari's Window)'을 학생들에게 간단히 설명해주십시오.
참고로 조해리는 이를 창안한 조셉 러프트와 해리 잉햄의 이름을 합성한 것입니다.

조해리의 창

	자기가 아는 자기	자기가 모르는 자기
타인이 아는 자기	I. 나와 너에게 개방된 영역 (개방 영역)	II. 너는 알고 나는 모르는 영역 (맹목 영역)
타인이 모르는 자기	III. 나는 아는데 너는 모르는 영역 (은폐 영역)	IV. 너도 모르고 나도 모르는 영역 (미지 영역)

I 영역은 나도 알고 너도 아는 개방 영역(public area)입니다. 내가 잘 알고 있는 나의
감정, 생각, 그리고 행동을 타인들도 알고 있는 영역입니다.

II 영역은 나는 모르고 있는데 오히려 타인들은 그 사실을 알고 있는 그런 영역입니
다. 조해리의 창에서는 이를 맹목 영역(blind area)이라고 합니다. 예를 들면 내가 다른
사람과 대화를 나눌 때 눈을 계속 깜빡이거나 발을 덜덜 떨고 있다는 것을 모르고 있
는데 다른 사람들은 나의 이러한 모습을 잘 알고 있는 경우입니다. 내가 다른 사람들의
말을 끝까지 듣지 않고 중간에 끊는 경향이 있다는 사실을 다른 사람은 잘 알고 있는데
정작 나 자신은 모르고 있는 그런 경우가 맹목 영역에 해당됩니다.

III 영역은 나는 알고 있는데 다른 사람은 그 사실을 모르는 은폐 영역(hidden area)입
니다. 이는 다른 사람들에게 자기 자신을 개방시키는 것이 두려워 자신을 은폐하는 영
역입니다. 이런 영역이 사람에게는 특별히 자기를 개방하는 용기와 노력이 필요합니다.

IV 영역은 다른 사람이 모를 뿐만 아니라 나 자신도 모르는 나의 무의식세계에 해당

하는 신비로운 미지 영역(unknown area)입니다.

집단상담 '행복한 만남과 사귐'의 목적은 학생들이 자기개방과 피드백을 시도하여 공개된 영역인 I 영역을 최대한 넓힘으로써 II, III, IV 영역을 축소시키는 데 있습니다.

아래의 도형은 자기개방과 피드백의 효과를 설명해주고 있습니다.

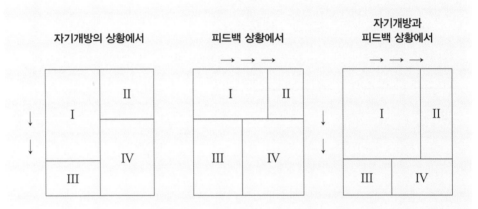

〈조해리의 창〉은 집단 초기에 학생들이 집단의 목적과 목표를 쉽게 이해하는 데 매우 유용한 자료가 됩니다. 지도자는 〈조해리의 창〉에 대해 간단히 설명한 다음, 학생들에게 앞으로 집단이 종료될 때까지 전 회기 동안 내내 즐거운 놀이를 하게 된다는 사실을 알려주십시오. 학생들은 설명을 통하여 건강하고 행복한 사람이 되기 위해서는 나도 알고 너도 아는 개방 영역인 I가 넓어야 한다는 사실을 알게 되었습니다. 개방 영역을 더 넓히기 위한 방법이 두 가지 있으며, 그것이 자기개방과 피드백이라는 사실을 적어도 머리로나마 이해하게 되었을 것입니다. 지도자는 앞으로 집단에서 친구들과 신나게 놀면서 절로 자기개방을 하게 되고 피드백을 나누는 경험을 하게 될 것임을 알려주십시오. 일부러 노력하지 않아도 놀이가 우리를 자기개방하게 해주고 자유롭게 피드백을 하게 될 것이라는 사실을 말입니다. 지도자는 이러한 믿음과 기대를 집단 초기에 학생들과 나누면서 학생들이 동참할 수 있도록 도와주십시오.

4회기

강조점
• 기본적 의사소통 기술
• 자기개방과 피드백 실습
• 적극적 경청

과정	내 용	
	1~3학년	4~6학년
들어가기	• 가라사대(1,3-14)	• 날아다니는 동전(2,1-191)
활동	• 날씬이와 뚱보(1,1-13) • 풍선 농구(2,2-144)	• 풍선 밟기(2,2-143) • 만나서 반가워요(1,3-73)
마무리	• 오늘 나는…(1,1-102)	• 오늘 나는…(1,1-102)
지도자 숙지사항	• 놀이규칙 엄수 • 기본적 의사소통 기술에 관한 이해	

지도자 : "어린이 여러분, 다시 만나서 반가워요. 그동안 모두 잘 있었죠? 오늘이 네 번째 모임이군요. 지난번에 여러분을 보면서 확인할 수 있었던 것이 있습니다. 와! 여러분이 서로 믿고 있구나, 믿음이 갈수록 더 커지고 있구나! 이런 생각이 들어서 너무나도 좋았어요. 정말로 친구들을 믿을 수 있습니까? 친구들이 믿을 만합니까? 그래요. 이렇게 믿을 수 있는 좋은 친구들인데 그런 사실을 모르고 있었던 것 같아요. 지금까지 우리가 그런 기회를 가지지 못했기 때문이지요. 하지만 지금이라도 알게 되었으니 얼마나 다행입니까? 오늘도 우리 서로 정말 좋은 친구가 되어서 행복한 시간을 함께 만들어봅시다."

지도자 : "이제 내 말을 잘 들어보세요. 잘 듣지 않으면 낭패를 당하게 됩니다. 내가 말 앞머리에 '가라사대'라고 하는 말만 여러분은 따라 해야 합니다. 그렇지 않은 사람은 걸리게 되니 조심하세요. 알겠습니까?"

지도자가 이렇게 말하고 이제 시작하겠다고 알려주십시오.

지도자 : "그러면 모두 손을 드세요."

이렇게 말했을 때 손을 든 어린이는 처음부터 모두 걸려든 것입니다. 요것이 이 놀이의 묘미랍니다.

지도자 : "하하… 손을 든 사람은 모두 나한테 속은 겁니다. 내가 '가라사대'라고 하지 않았잖아요. 그러니까 꼼짝없이 걸려들었지요. 그러면 이제부터 다시 하겠습니다. 손을 내리세요."(이때도 많은 어린이들이 또 걸려들 것이 분명합니다)

이렇게 지도자가 이야기를 엮어가면서 놀이를 이어가도록 하세요.

가라사대(1.3-14)

〈가라사대〉 놀이는 누구나 한번쯤은 해보았을 것입니다. 어린이들은 지도자가 '가라사대'라는 말로 시작하는 지시만을 따라 해야 합니다. 반대로 가라사대를 하지 않은 말을 따라 해서는 안 됩니다. 지도자는 미리 작전을 잘 짜두었다가 시치미를 뚝 떼고 여러 번 진행하십시오. '난 절대로 안 속지' 하고 생각하는 사람도 엉겁결에 속아 넘어가기 쉽습니다. 지도자는 이런 말로 모임을 열고 나서 〈박수치기〉로 들어갑시다. "자! 우리 함께 박수 치면서 모임을 시작합시다."

날아다니는 동전(2.1-191)

모두 둥글게 둘러앉고 술래가 원 안으로 들어갑니다. 지도자는 술래가 잠시 눈을 감고 있을 때 동전을 1개 또는 2개를 건네주며 술래가 눈치채지 못하도록 손 안에 감춥니다. 술래에게 눈을 뜨게 하고 동전을 쥐고 있는 어린이를 찾아내도록 합니다. 어린이들은 모두 옆 사람과 손을 잡은 상태에서 정말 자기가 동전을 쥐고 있는 척합니다. 동전을 들고 있는 어린이는 술래에게 들키지 않게 계속 옆 사람한테 옮겨줍니다. 이때 동전을 가지고 있는 어린이만 하게 되면 금세 들키니까 나머지 어린이들도 자기가 가지고 있는 것처럼 모두가 옆 친구와 잡고 있는 양손을 좌우 상하로 흔들면서 "여기 있지롱, 여기 있지롱" 하고 외칩니다. "와! 저기 있다!", "없지롱" 하며 난리가 납니다. 그동안 동전은 이렇게 계속 옮겨지는데 술래는 "너지?" 하면서 동전을 쥐고 있는 친구를 잡습니다. 이렇게 하다 보면 처음에는 조심조심하던 어린이들이 동전을 술래 머리 위로 던져서 반대편 친구에게 전하는 모험을 감행하게 되면서 점점 더 짜릿해집니다. 술래가 세 번까지 맞히지 못하면 상큼한 벌을 받는다고 알려주고(여러분도 이제 이 말이 뻥인줄 알 겁니다) 하다가 술래에게 잡힌 어린이가 새 술래가 되어서 계속합니다. 동전 수는 참가자 수에 따라 조절하면 됩니다.

준비물 : 동전 2~3개

2. 활동

날씬이와 뚱보(1.1-13)

여러 소집단으로 나누고 지도자가 지시하는 대로 몸을 이용하여 만들어보는 놀이랍니다. 지도자가 가장 작은 원을 만들도록 하면 어린이들은 서로 몸을 최대한 밀착시켜서 작은 원을 만듭니다. 지도자는 소집단을 돌아다니면서 줄자(또는 노끈)를 가지고 허리둘레를 재보고 어느 집단이 가장 날씬한지 알아봅시다. 같은 방법으로 가장 크게 원을 만들어보도록 하여 어느 집단이 가장 뚱뚱한지도 가려봅시다. 이밖에 가장 높은, 가장 낮은 탑을 쌓아보도록 할 수도 있습니다.

풍선 농구(2.2-144)

두 모둠으로 나누고 상대방 선수와 등을 맞대고 양반자세로 앉거나 의자가 있으면 의자에 앉도록 합니다. 지도자가 풍선을 중앙에서 토스함으로써 놀이가 시작됩니다. 각 모둠 사람들은 풍선을 손으로 쳐서 골인 지역의 땅에 닿도록 하는데 이렇게 하면 1점을 얻게 됩니다. 풍선이 양옆으로 떨어지게 되면 아웃이 되어서 지도자가 그 자리에서 다시 안으로 던져 넣어줍니다. 미리 정한 점수를 먼저 얻은 모둠이 승리하며 풍선을 동시에 2개 사용하면 훨씬 격렬해집니다. 엉덩이가 바닥에서 떨어지면 가차 없이 상대 모둠에게 1점을 주도록 하여 질서 있는 분위기에서 진행하도록 하세요.

준비물 : 풍선

풍선 밟기(2.2-143)

어린이들에게 풍선을 하나씩 나누어주고 불어서 발목에 묶도록 합니다. 풍선을 묶는 끈의 길이가 적어도 30cm 정도는 되어야 합니다. 시작이 되면 자기 풍선이 터지지 않도록 지키면서 다른 사람의 풍선을 밟아서 터트리도록 합니다.

준비물 : 풍선과 실(인원수만큼)

만나서 반가워요(1.3-73)

〈만나서 반가워요〉는 두 사람이 짝을 이루어서 대화를 나누도록 하는 대화놀이입니다. 우리는 가정에서 시작하여 학교에서 친구들과, 사회생활을 하면서 사람들과 더불어 살아왔으며 앞으로 일평생 사람들 가운데서 살아가야 합니다. 그런데도 우리는 다른 사람들과 대화를 나누고 관계를 맺는 데 필요한 교육을 받아보지 못했습니다. 〈만나서 반가워요〉 대화놀이는 기본적인 의사소통과 대인관계 기법을 학생들이 실제로 자연스럽게 시도해보고 경험할 수 있도록 구조화한 대화놀이 프로그램입니다. 1인칭 대화로 구성된 미완성 문장을 집단에서 만난 지 오래 되지 않은 두 사람이 짝을 이루어서 나누게 됩니다. 학생들은 지금-여기의 자리에서 경청, 수용, 이해, 자기개방, 감정 드러내기, 비언어적 의사소통, 피드백, 스킨십 등에 대하여 신선한 경험을 하게 됩니다. 〈만나서 반가워요〉는 집단에서만 아니라 개인상담에서도 매우 요긴하게 사용할 수 있습니다.

다음에 소개하는 〈만나서 반가워요〉 프로그램은 워크숍에서 실습용으로 작성한 것이어서 그대로 사용하기에는 아쉬운 점이 있습니다. 가장 좋은 방법은 이를 참고하여 해당 아동 · 청소년들의 나이, 성격, 환경 등을 고려하여 새롭게 작성하여 활용하는 것입니다.

준비물 : 소책자(인원수만큼)

▶▶▶ 진행

지도자는 〈만나서 반가워요〉를 시작하면서 학생들에게 아래의 기본적 의사소통 기술에 관해서 간단하게 설명해주십시오. 지금-여기, 비밀 지키기 약속, 자기개방, 피드백, 1인칭 언급, 경청 점검, 수용, 개방적(open-ended) 의사소통 등이 이에 해당됩니다.

지도자는 바람직한 대인관계 증진에 자기개방과 피드백이 중요한 이유에 대해 설명해주십시오. 둘씩 짝을 짓고 참가자 전원에게 〈만나서 반가워요〉 소책자를 한 권씩 나누어줍니다. 지도자는 학생들에게 대화책자를 사용하는 법을 알려줍니다. 오른쪽 상단에 있는 숫자는 책의 쪽 번호입니다. 이 책은 단면으로 복사하여 한쪽만 볼 수 있게 되어 있습니다. 책자가 준비되어 있지 않으면 학생들에게 여분의 종이를 한 장씩 나누어주어서 이를 가지고 다음 쪽 내용을 볼 수 없도록 가리면서 하도록 합니다.

* 지도자는 학생들과 함께 1쪽과 2쪽을 읽으면서 기본적인 의사소통 기술에 대해 설명해주고 이를 성실하게 준수하면서 대화를 나누도록 하십시오.

- 이제 짝을 이룬 두 사람은 편안한 자리를 찾아가서 대화한 다음 정한 시간에 모이도록 합니다. 지도자는 종료시간 10분 전에 알려주어서 학생들이 정시에 마칠 수 있도록 도와주십시오.
- 시간은 15~20분 정도가 적당합니다.

지도자는 다음의 사항을 학생들에게 알려줌으로써 순조로이 진행될 수 있도록 하십시오. 학생들이 이를 잘 지키느냐 안 지키느냐에 따라 경험의 깊이와 내용은 하늘과 땅 차이만큼 큽니다. 따라서 지도자는 학생들이 이를 잘 준수할 수 있도록 당부하십시오.

1. 책자를 미리 읽어보지 마십시오.
2. 두 사람이 나눈 모든 이야기에 대해 반드시 비밀을 지키겠다고 약속하십시오.
3. 두 사람은 홀수와 짝수 쪽을 정한 다음 홀수 쪽 사람이 해당 항목을 먼저 말하면 이에 대해 짝수 쪽 사람이 같은 항목을 말합니다. 이렇게 하면 두 사람은 한 항목을 주고받으면서 진행하게 되므로 한 사람이 일방적으로 지배할 수 없게 됩니다.
4. 문항을 건너뛰지 말고 순서대로 진행하십시오.
5. 책자에 글을 쓰지 마십시오. 기록하다 보면 경청하지 못하게 됩니다.
6. 문제를 해결하려 들지 마십시오.
7. 궁금한 점이 있더라도 대답하거나 질문하지 말고 침묵하면서 적극적으로 경청하십시오.
8. 짝의 말을 잘 경청하였는지를 확인하는 문항이 몇 개가 있습니다. 이때 들은 정보를 짝(speaker)으로부터 확인받으십시오. 이것을 경청 점검(listening check)이라고 합니다.
9. 누구라도 불편함을 느끼면 아무 때나 중단할 수 있습니다.
10. 그렇더라도 최대한 자기를 드러내는 모험을 감행할 수 있게 되기를 바랍니다.

자! 이제 시작해봅시다.

지도자는 학생들이 짝지어 대화를 나누는 동안 계속 돌아다니면서 규칙대로 하고 있는지 점검하기 바랍니다. 그러다가 잘못 알고 틀리게 하고 있는 학생이 있으면 개인적으로 시정해주십시오.

▶▶▶ **소책자 제작법**

〈만나서 반가워요〉는 단면 복사를 하여서 한쪽 면이 여백이 되도록 소책자로 만듭니다. 따라서 한쪽 면에 인쇄된 문항만 볼 수 있게 되어 있습니다(부록 2 참조).

지도자는 학생들이 둘씩 짝을 지어서 〈만나서 반가워요〉 대화놀이를 하고 있는 중에 간간이 "○○분 남았습니다."라고 남은 시간을 알려주십시오. 지금까지 시간 지키기를 집단의 규칙으로 정했는데도 이를 경험해 보는 기회가 적었는데, 〈만나서 반가워요〉는 좋은 기회가 됩니다. 지도자가 시간을 알려주는 목적은 시간을 알려줌으로써 우선 학생들이 시간을 인식할 수 있게 되고 함께 정한 시간에 맞춰서 마쳐야 하는 부담을 가지게 되어 자율적으로 절제할 수 있도록 해주는 것입니다. 마칠 때가 가까워지면 "이제 5분 남았습니다.", "3분 남았습니다.", "마지막으로 1분 남았습니다. 마친 학생들은 박수를 쳐서 알려주세요." 하고 알려줍니다. 학생들은 부담을 느끼게 됩니다. 그런데 그런 부담은 부정적이지 않고 긍정적인 방향으로 학생들을 인도해줍니다. 함께 시간을 지켜서 정한 시간에 마쳐야 한다는 부담이 학생들 하나하나를 스스로 통제하게 만들고 전체를 위해 조율하도록 만들어줍니다. 이런 식의 경험을 집단에서 계속하게 되는 동안 학생들은 점차 약속한 시간을 준수하게 되면서 나와 너가 함께 하는 희열을 느끼고 공동체 정신을 깨우쳐 나가게 됩니다. 어느 집단에서든 지도자를 포함한 어느 누구도 집단을 장악해서는 안 됩니다. 내가 있고, 너가 있고, 그러면서 우리가 있는 자리가 되기 위한 가장 필수적인 조건은 시간을 공유하고 함께 준수하는 것입니다.

▶▶▶ 놀이하는 지혜

지도자가 학생을 일방적으로 분석 · 진단 · 평가 · 처방하는 태도는 옳지 않습니다. 지도자는 학생의 동반자로 그들과 함께 있으면서 그들을 무조건적으로 수용하고 존중하며 공감하려고 노력해야 합니다. 나는 활동 중에 참가자들에게 "지금 어떤 느낌이 드니?"라고 자주 묻습니다. 그러면 거의 대부분의 학생들은 시선을 마주치기를 주저하고 선뜻 대답하지 못합니다. 그럴 때 나는 그가 속으로 '이 사람이 물어보는 저의가 무얼까?'라고 생각하고 있다는 느낌을 강하게 받습니다. 내가 분석하고 판단하지 않는데도 말입니다.

그래서 "나는 지금 네가 어떤 대답을 해주기를 기대하고 묻는 것이 아니야. 네가 지금 가지는 느낌에 정답이 어디 있겠니? 다만 네가 지금 어떤 느낌을 가지고 있는지 궁금해서 그것을 듣고 싶은 거야. 그러니 지금 말해줄 수 있겠니?"라고 물어봅니다. 이렇게 말해도 자기 생각과 느낌을 선뜻 대답하는 학생은 흔치 않습니다. 그런 경향은 학업 성적이 우수한 학생일수록 더 심합니다. 그들은 자기 느낌에 집중하지 않고 '정답이 뭘까?'를 생각하기 때문이라고 생각합니다. 이것이 사실이라면 얼마나 안타까운 일입니까. 사람마다 가지는 느낌과 생각은 모두 다른데 정답이 어디 있겠 습니까. 그런데도 우리 학생들은 자기가 가지는 느낌조차도 제대로 표현하지 못할 만큼 심하게 억눌려 있습니다.

나는 학생들이 지도자가 자기를 수용하고 존중하고 있다는 사실을 느끼는 순간부 터 비로소 진정한 인간관계가 이루어지기 시작한다는 사실을 매번 경험하고 있습니 다. 지도자의 무조건적인 지지와 긍정적인 이해와 수용이 이렇게 중요합니다. 이러 한 기본적인 신뢰 없이는 다른 사람과의 인간적 만남과 사귐은 기대할 수 없습니다.

▶▶▶ 놀이하는 지혜

집단에서의 두 번째 약속이 '시간 지키기'입니다. 이에 관해서 아직까지 구체적으 로 나누지 못했습니다. 지금까지 모든 회기에서 모든 참가자가 함께 모여서 하는 활 동 외에, 전체 집단을 두 사람(이인 체계, dyad), 세 사람(삼인 체계, tryad), 소집단 (6~10명)으로 나누어서 함께 진행하는 놀이들이 많았습니다. 모둠이 많아질수록 시 간을 공유하고 지키는 노력을 함께하지 않으면 집단은 발전할 수가 없습니다. 따라 서 지도자는 구조화된 놀이 활동(주로 본격적인 활동)을 시작할 때는 항상 "진행 시 간은 ○○분입니다."라고 분명하게 알려주어야 합니다. 그리고 학생들에게 수시로 "○○분 남았습니다."라고 말해줌으로써 학생들이 시간을 의식하고 함께 참여하 여 지킬 수 있도록 하십시오. 그렇게 될 때 집단에서 너무 말을 많이 하여 집단을 의 식 · 무의식적으로 장악하려는 경향이 있는 사람도 자연스럽게 통제하고 책임 있는 집단의 일원으로 나아갈 수 있게 됩니다. 이렇게 모든 집단이 약속한 시간에 마치는 것을 학생들이 느끼면서 하나 된 일체감을 느끼고 자기 통제와 절제가 실현되는 성 숙한 집단이 되어가게 됩니다.

오늘 나는…(1.1-102)

〈오늘 나는…〉은 회기를 마무리하는 시간에 적절한 활동입니다. 집단원들에게 아래의 활동지를 나누어주고 작성하도록 하십시오. 그런 다음 서로 돌아가면서 자기가 적은 내용을 나누어보세요. 미완성 문장을 가지고 하는 이 활동은 기록하지 않고 말로 설명해도 됩니다. 다섯 가지 문항을 모두 하지 않고 한두 가지만 하세요. 그렇게 할 수 있는 시간 여유도 없고요. 부정적 언급을 할 수 있도록 해주는 4번 문항이 들어 있으면 아이들은 이 모임에서는 어떤 말도 할 수 있겠다는 기대를 가지게 됩니다.

1. 오늘 나의 느낌은 _____합니다.
2. 오늘 나는 _____을(를) 배웠습니다.
3. 오늘 나는 _____ 때문에 기분이 좋습니다.
4. 오늘 나는 _____ 때문에 속상합니다.
5. 오늘 나는 _____을(를) 깨달았습니다.
6. 오늘 나는 _____이(가) 자랑스럽습니다.

지도자 : "〈만나서 반가워요〉를 하면서 친구에 대해 더 많은 것을 알게 되었지요? 친구와 사귀는 것보다 더 재미있는 것은 없는 것 같아요. 이제 모임을 마칠 때가 되었군요. 오늘 친구들과 놀이를 하면서 느낀 점을 누가 이야기기해주겠습니까?"

지도자는 되도록 많은 어린이들이 느낀 점을 나눌 수 있도록 하고 마지막 인사를 나누세요.

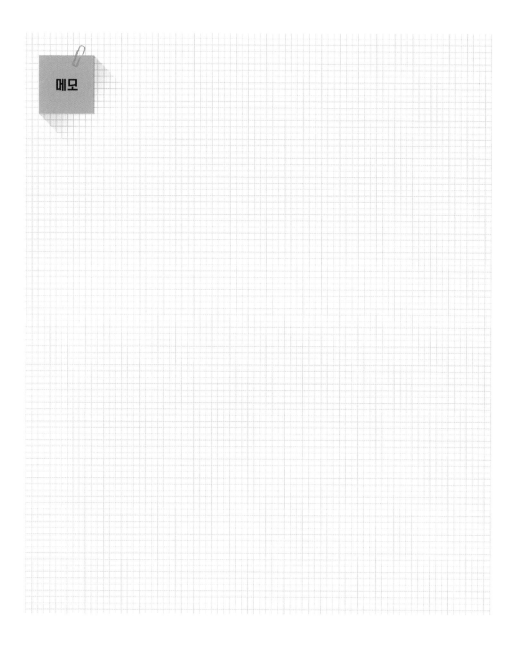

'지금-여기'와 과정 언급

앞에서 놀이가 현실세계가 아닌 허구세계에 들어가서 아무런 목적 없이 하는 비생산적인 활동이라는 사실을 알아보았습니다. 놀이세계는 현실세계에서 벗어난, 시공간적으로 전혀 다른 세계입니다. 놀이하는 사람은 주인공이 되어서 온갖 상상의 나래를 펼치면서 자신을 마음껏 펼칩니다. 놀이하는 자리에는 그때-거기의 일은 흔적조차 찾아볼 수 없습니다. 놀이에 폭 빠져든 바로 그 순간 사람들은 지난 과거에서 벗어나게 되고, 적어도 놀이하는 순간만큼은 과거로부터 자유로워집니다. 그래서 놀이를 하면서 그때-거기에서 있던 사건, 느낌, 생각들을 끄집어내는 일은 있을 수 없습니다. 만약 그렇게 되면 놀이는 여지없이 깨어져 버리고 맙니다.

　현실적으로 상담 장면에서 지금-여기로 들어가기 위해서는 상당한 노력과 기술이 필요합니다. 그런데 놀이에서는 사람들이 어찌나 순식간에 자연스럽게 지금-여기로 들어가 버리는지 놀랍기 이를 데 없습니다. 무슨 특별한 기술적 개입이나 노력 없이도 말입니다. 하지만 놀이를 제대로 이해하고 있으면 그 이유를 쉽게 이해할 수 있습니다. 놀이는 현실세계에서 벗어나 지금-여기에 들어가 무아지경으로 몰입된 상태에서 이루어지는, 전적으로 자기다운 생각, 느낌, 활동입니다. 지금-여기에 들어가지 않고서 놀이는 결코 이루어지지 않습니다.

　나는 놀이가 가진 치료의 힘을 여기에서 목격하고 있습니다. 특히 틱장애(tic disorder)를 가진 사람들에게서 자주 확인하고 있습니다. 그 사례를 들어보겠습니다. 초등학교 졸업을 앞두고 내가 운영하는 연구소의 캠프에 참가한 남학생의 경우입니다. 신우(가명)는 눈을 깜빡거리고, 머리를 반복적으로 흔드는 운동 틱(motor tic) 증상을 가진 어린이였습니다. 다음은 신우가 들려준 이야기입니다. "저는 틱장애가 있어서 부모님은 많은 걱정을 하시면서 저를 캠프에 참가하게 하셨습니다. 그때 저는 첫날부터 정신없이 뛰어놀았습니다. 캠프 둘째 날 저는 어느 순간 제가 눈을 깜빡이지 않고, 머리를 흔들지 않고 있다는 사실을 알게 되었습니다. 그런데 신기하게도 그런 사실을 알고 나서도 더 이상 증상이 나타나지 않는 것이었어요. 처음 있는 일이었어요. 그래서 집에 돌아가서 엄마 아빠한테 그 사실을 알려드렸더니 엄마께서 '애, 정말이네. 장난이 아니다!'라고 하시고는 반신반의하면서 기뻐하셨어요. 그 후로 저는 틱장애에서 완전히 벗어날 수 있었습니다." 이것은 신우가 직접 밝힌 이야기입니다. 신우는 그로부터 6년 동안 캠프에 참가하였고 지금은 훌륭한 대학생이 되었습니다.

대부분 틱장애는 스트레스가 원인이 되어 야기되는 행동상의 장애입니다. 나의 판단은 이렇습니다. 신우는 캠프에 참가하여 놀이에 빠져들었습니다. 놀이세계에 빠져들면서 현실세계에서 자기를 괴롭히던 스트레스에서 무의식적으로 벗어나게 됩니다. 그로부터 신우는 캠프에서 안전하고 편안하게 자기다운 생각, 느낌, 행동을 마음껏 드러내면서 자기가 틱장애가 있다는 사실을 잊어버린 채로 일주일을 지냈습니다. 신우는 집으로 돌아가서도 틱장애에서 완전히 벗어날 수 있었습니다. 신우의 경우 나는 아무런 개입을 하지 않았음을 밝힙니다.

틱장애를 극복한 사례는 신우 외에도 많이 있습니다. 놀이에 몰입한 순간 그 사람은 평소 자신을 괴롭히던 장애와 스트레스에서 벗어나게 됩니다. 적어도 놀이에 빠져든 순간만큼이라도 말입니다. 부지불식중에 한동안 잃어버렸던 자기로 돌아와 마음껏 자신을 발산합니다. 놀이하는 사람은 자기 의지에 따라 어느 때고 자유자재로 놀이세계로 들어가고 나갈 수 있습니다. 그러면서 놀이를 하면서 가졌던 생각, 느낌, 경험들이 현실세계로 돌아가서도 지속되고 영향을 미칩니다. 놀이가 가진 치료의 힘이 여기에 있습니다. 놀이에서의 경험이 현실세계로 돌아와서도 그대로 지속되고 영향을 미쳐서 자기를 찾게 해줍니다.

지금-여기의 사용에 대하여 이론적 토대를 제시하는 얄롬(2008)은 지금-여기가 치료적인 힘을 발휘하기 위해서는 지금-여기에서의 경험(experiencing)과 함께 과정에 대한 명료화(illumination of process)가 동시에 이루어져야 한다고 하였습니다.

첫 번째는 경험하는 것이다. 집단원들은 지금-여기에 살고 있다. 집단원들은 그 집단의 다른 집단원들과 치료자 및 집단에 대한 강한 감정들을 발달시킨다. 지금-여기에서 느끼는 이러한 감정들은 그 집단의 주된 화제가 된다. 여기에서의 논쟁들은 비역사적이다. 즉 모임에서 당면하고 있는 사건들은 그 집단원들의 현재 바깥 생활이나 먼 과거의 사건들에 우선한다. 이 초점은 각 집단원들의 축소된 사회를 발전시키고 그것이 드러나도록 하는 것을 용이하게 해준다. 또한 피드백, 정화, 의미 있는 자기개방, 사회화 기술의 습득을 수월하게 한다. 그 집단은 보다 활기차게 되고, (그 장에서 주인공이 되고 있는 사람뿐 아니라) 집단원들 모두는 그 모임에 열의를 가지고 개입하게 된다.

그러나 두 번째 측면, 즉 과정에 대한 명료화 없이는 지금-여기에 초점을 두는 것은 그 유용성에 한계를 갖게 된다. 대인관계 학습이라는 강력한 치료적 요인이 작용하려면 집단은 과정을 인식하고 검토하고 이해해야 한다. 집단은 그 스스로를 검토하지 않으면 안 된다. 즉 집단은 그 속에서 이루어지는 상호작용을 탐색해야 한다. 집단은 순수한 경험을 넘어서서 그 경험을 통합하려고 시도해야 한다. 따라서 지금-여기의 효과적인 사용은 두 단계를 필요로 한다. 집단은 지금-여기에 살고 있으며, 또한 그 집단은 자기 자신에게로 되돌아온다. 즉 집단은 자기반영의 순환과정을 수행하고, 방금 일어난 지금-여기의 행위를 검토한다. (Yalom, 2008: 164)

얄롬은 집단에서의 경험이 아무리 강렬하고 유익할지라도 경험만으로는 부족하다고 하였습니다. 집단원들이 집단에서의 체험을 일반화하고, 대인관계적 행동을 확인하고 바꾸며, 일상적 상황에 적용할 수 있게 되도록 해주는 인지적 틀을 갖추어야 한다는 것입니다. 따라서 치료자의 역할은 지금-여기로 집단을 나아가게 하면서 동시에 자기반영의 순환과정(self-reflective loop)으로 안내하는 것이라고 하였습니다. 그는 자기반영의 순환과정을 과정언급(process commentary)이라고도 하였습니다.

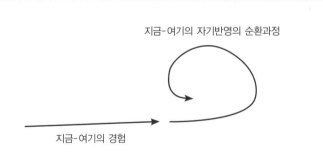

지금-여기의 자기반영의 순환과정

지금-여기의 경험

얄롬은 이러한 근거를 가지고 일반적으로 참만남 집단이라고 총칭하는 감수성 집단, 개인 성장 집단, 마라톤 집단 등의 경험 집단의 문제를 지적하였습니다. 축소된 사회인 집단에서 갖는 지금-여기에서의 특별히 유의미한 경험만으로는 부족하다는 것입니다. 즉 참만남 집단은 지금-여기의 집단에서의 경험을 실제 삶에서 적용하도록 해주는 인지적 도움을 주는 데까지 이르지는 못한다고 하였습니다.

얄롬의 이러한 지적에 대해 동의합니다. 하지만 나는 자기반영의 순환과정에서 인지적인 틀을 갖추도록 도와주는 부분에 대해서는 달리 생각합니다. 이를 내가 기술하는 '구조화된 놀이'를 가지고 간단하게나마 설명해보겠습니다. 놀이는 아무런 목적 없이 전적으로 참가자에 의해 이루어지는, 미리 짜인 시나리오가 없는 비구조화된 활동입니다. 그런 놀이를 구조화된 놀이라 하였으니 이는 분명히 넌센스입니다.

그럼에도 '구조화된 놀이'라고 한 데는 이유가 있습니다. 앞에서 언급하였듯이 1980~1990년대에 내가 만나야 했던 집단은 대부분 거대집단이었습니다. 인간중심의 집단을 지원하는 지도력은 준비되어 있지 않았고, 턱 없이 부족한 시간, 참가자에 의해 이루어지는 프로그램, 시설과 공간, 관리행정, 재정, 그리고 법령에 이르기까지 어느 하나 제대로 갖춰진 것이 없었습니다.

나는 이러한 총체적 난국을 해결하는 길은 놀이밖에 없다고 보고 이 일에 전념하였습니다. 놀이는 교육, 상담, 치료라는 의도적인 목적이 없는데도 아무 생각 없이 마음 껏 충분히 놀아본 아이들은 먼 훗날 건강한 인간으로 성장합니다. 의도하지 않았어도 놀이가 가진 교육, 치료의 힘이 그들을 변화 및 성장시켜주는 것이지요. 이것이 놀이의 자연성입니다.

나는 놀이의 자연성을 훼손하고 왜곡시키지 않으면서 놀이가 가진 교육, 치료의 힘을 발휘하도록 하는 데 심혈을 기울였습니다. 어린 시절 행복하고 자유롭게 놀아본 아이들은 훗날 건강하고 성숙하게 성장합니다. 그런데 문제는 그러한 여유로운 시간, 여건들이 총체적으로 준비되어 있지 않은 데 있었습니다. 다시 말해 놀이의 자연성이 발휘되도록 하는 아이들 중심의 촉진자적 지도력, 아이들에 의해 이루어지는 소집단 프로그램 및 활동, 충분한 시간, 개인과 소집단을 지원하는 시설, 공간 등이 어느 것 하나 제대로 마련되어 있는 것이 없었습니다.

나는 준비된 지도자가 이러한 현실적 한계와 문제를 극복하고 아이들에 의해 이루어지는 소집단 활동을 통하여 집단의 크기, 시간, 공간 등의 한계를 극복해나가는 실천적 대안을 반드시 마련해야 했습니다. 그렇게 함으로써 놀이의 자연성, 즉 의도적이고 조작적이지 않은 놀이가 가진 교육적 · 치료적인 힘이 기능을 발휘하는 방안을 모색했던 것입니다. 의도적으로 가르치려고 할 때 놀이의 자연성은 훼손되어버리고 맙니다.

이러한 점에서 놀이 상황에서 얄롬이 설명하는 자기반영의 순환과정 또는 과정 언급)은 자칫하면 의도적이 되기 쉽습니다. 그래서 나는 가능한 한 놀이하는 과정에서 피드백조차 자제하려고 노력합니다. 그들이 느끼고 생각하고 경험하는 대로 그대로 놓아두어야 자연성이 손상을 입지 않기 때문이지요. 그러한 자연성을 훼손하지 않고 아이들이 놀이를 하면서 그들이 느끼고, 생각하고, 경험한 것들을 보다 명료하게 인식할 수 있도록 하기 위한 고민이랄까 관심이 구조화된 놀이를 탄생하게 하였습니다. 이러한 미묘한 착상을 글로 설명하기가 결코 쉽지 않아서 무모하기까지 합니다. 그래서 나는 구조화된 놀이 혹은 구조화된 경험(structured experience)을 위한 프로그램을 그냥 놀이로 하리라는 의지와 태도라고 말합니다. 어쨌든 놀이에서 가지는 경험에 앞서 아이들을 가르치려는 시도 또는 태도는 전혀 도움이 되지 않습니다.

5회기

강조점
• 긍정적 피드백 • 자기 주장 훈련 • 집단 응집력 강화 • 자기개방

과정	내 용	
	1~3학년	4~6학년
들어가기	• 코코코…(1.6-3)	• 알이 봉황 되다(1.6-4)
활동	• 까치와 까마귀(2.2-69, 70) • 눈싸움(2.1-182) • 나는 멋쟁이(1.3-42)	• 당신을 아는 기쁨(1.3-114)
마무리	• 오늘 나는…(1.1-102)	• 오늘 나는…(1.1-102)
지도자 숙지사항	• 기본적 의사소통 기술에 관한 이해와 설명 • 〈당신을 아는 기쁨〉 활동에 대한 사전 이해와 숙지	

모임을 시작할 때 지도자가 간단하게 인사를 나눈 다음 여는 놀이를 합니다. 이번에는 〈코코코…〉 놀이를 하면서 걸린 어린이에게 "○○야, 반갑다. 오늘 너는 어떤 기대를 가지고 집단에 왔니?" 하고 물어보도록 하십시오. 집단을 시작할 때 이와 같이 어린이들에게 집단을 시작하는 마음가짐과 기대를 물어보는 것이 도움이 됩니다. 재미있는 여는 놀이가 어린이들이 마음을 여는 데 도움이 된답니다.

코코코…(1.6-3)

지도자가 오른손 검지손가락을 코에 대고 "코코코" 하면 어린이들은 이를 따라 하도록 합니다. 즉 지도자가 "코코코코" 하면서 검지손가락 끝으로 코끝을 콕콕 치면 어린이들도 지도자가 하는 대로 따라 합니다. 그러다가 "코코코코코… 눈" 하고 외치면서 손가락 끝을 눈에 대는 것이 아니라 귀라든가 입에 댑니다. 그러면 어린이들은 대부분 눈에 손을 대지를 않고 지도자를 따라 하게 되지요. 지도자에게 속아 넘어가기 십상입니다. 이렇게 지도자가 계속해봅니다. 예를 들어 "코코코코… 입" 하면서 손가락을 이마에 댄다거나, "코코코코코코코오오… 엉덩이" 하면서 배꼽에 손가락을 대는 식으로 말입니다. 어린이들은 속지 않으려고 해도 엉겁결에 지도자를 따라 하게 되면서 웃음바다가 되어버립니다.

알이 봉황 되다(1.6-4)

지도자가 〈알이 봉황 되다〉 놀이를 소개하면서 양손을 머리 위에 올리고 몸과 손을 앞뒤로 흔들면서 "알알" 하고 외치면 학생들은 이를 따라 합니다. 그런 다음 "여러분 알이 부화하면 무엇이 되지요?" 하고 물으면 사람들은 "병아리요."라고 하겠지요. 맞습니다. 지도자가 두 손을 입에 모아서 "삐약삐약" 하고 외치면서 따라 해보도록 합니다. 그런 다음 병아리가 커서 닭이 되는 것은 누구나 알고 있지요. 이번에는 한 손을 들어서 머리 정수리에 대서 닭벼슬 모양을 만들고 다른 손은 엉덩이에 대고 꼬리 모양을 하고 "꼬꼬댁꼬꼬" 하고 외치면 마찬가지로 학생들은 따라 해봅니다. 지도자가 묻습니다. "여러분 닭이 다음에는 무엇이 될까요?" 하고 물으면 "통닭이요."라고 대답하는 학생이 분명히 나옵니다. "맞아요. 하하하… 나처럼 따라 해보세요."라고 하면서 한 손을 들어 두 손가락으로 머리카락을 쥔 상태에서 다른 손가락으로 목을 자르는 시늉을 하고 머리를 좌우로 흔들면서 "꼴까닥" 하고 외칩니다. 그런 다음은 닭으로 생을 마치면 불행하니까 닭이 승화하여 봉황이 된다고 알려주십시오. 그러고는 두 손을 흔들어 춤을 추면서 "봉황이다!" 하고 외칩니다.

자! 이렇게 직접 시범을 보인 다음에 놀이규칙을 알려줍니다. 시작이 되면 학생들은 각자 흩어져서 "알알" 하며 돌아다니다가 알끼리 마주치면 두 사람은 '가위바위보'를 합니다. 이렇게 하여 이긴 사람은 병아리가 되어서 "삐약삐약" 하고 외치면서 돌아다니다가 다른 병아리와 만나 '가위바위보'를 해서 이긴 사람은 닭이 됩니다. 같은 방법으로 닭끼리 이기면 통닭이 되고, 통닭끼리 만나 이긴 사람은 마지막으로 봉황이 됩니다. 주목할 점은 '가위바위보'를 해서 진 사람은 한 단계 내려가는 것이 아니라 '알'로 곧바로 곤두박질한다는 사실입니다. 그러므로 병아리는 말할 것도 없고, 닭이든, 통닭까지도 '알'로 추락해버립니다. 이러다 보니 놀이가 끝날 때까지도 알로 남아 있는 불쌍한 사람이 반드시 나온답니다. 봉황이 된 사람은 자기 자리로 돌아가 편안히 의자에 앉아서 알에서 벗어나지 못하는 불쌍한 중생들의 처량한 모습들을 즐겨보세요.

까치와 까마귀(2.2-69, 70)

두 모둠으로 나누고 방 중간에 그은 선을 사이에 두고 마주 보고 섭니다. 각 모둠의 주장이 나와서 '까치'와 '까마귀' 중 하나씩 정하도록 합니다. 지도자는 두 모둠이 정렬한 선 사이에 서서 "까까까까…" 하고 중얼대다가 갑자기 '까치'와 '까마귀' 중에서 하나를 크게 외칩니다. 지도자가 "까치"라고 외치는 경우에는 까치 모둠 학생들은 까마귀 모둠 친구들을 쫓아가서 벽에 도달하기 전에 손으로 쳐서 잡습니다. 반대로 지도자가 "까마귀"라고 외치면 까마귀들이 까치들을 쫓아가서 잡아야 합니다. 이렇게 하여 잡힌 학생은 잡혀간 편의 사람이 됩니다. 지도자는 까치와 까마귀를 솔직하게 외치지 말고 "까까까까… 까르르" 한다거나 "까마중", "까꿍", "까까중" 하는 식으로 골탕을 먹일 수 있습니다.

　이밖에 더 짜릿하게 즐길 수 있는 방법이 있습니다. 지도자가 '까치', '까마귀'라고 외치는 대신, 앞뒤의 색깔이 다른 색종이를 들고 있다가 공중으로 던져서 할 수 있습니다. 두 모둠이 색깔을 정하고 공중에 던져진 색종이가 바닥에 떨어졌을 때 보이는 색깔의 모둠 학생들이 상대방 학생들을 잡도록 하는 것이지요. 종이가 바닥에 닿아서 정지될 때까지 어떤 색깔인지 알 수가 없으므로 살얼음을 밟듯이 스릴 만점입니다. 이 놀이를 할 때 색종이를 구하기 어려우면, 대신에 만 원이나 오천 원

지폐를 사용하면 더 흥미진진해집니다. 지폐는 앞뒤가 확연히 다르지 않기 때문에 어린이들은 더 혼란스러워하고 그래서 뭐가 나올까 모두 집중하게 되지요. 5주 동안 놀다 보니 이제 어린이들은 벌써 오래전에 이미 경쟁에서 자유로워져 있습니다. 그래서 잡혀가도 속상해하지도 않습니다. 마냥 즐겁고 행복하기만 합니다.

준비물 : 양면색종이 혹은 지폐

눈싸움(2.1-182)

두 모둠으로 나눈 다음, 방 중앙에 등받이를 맞대어 놓는 식으로 의자를 정렬하여 경계선을 만들어 놓고 양 진영을 한 모둠씩 차지하게 합니다. 각 모둠에 헌신문지를 충분히 나누어주고 5분 동안 신문지를 찢어서 종이뭉치를 만들도록 합니다. 신호가 울리면 종이뭉치로 눈싸움 하듯이 상대 모둠 사람들을 맞힙니다. 지도자는 적당한 시기에 중지시키고 어느 모둠 진영에 종이뭉치가 적게 널려 있는지 알아봅시다. 종이에 위험한 물건을 집어넣지 않도록 하며 안경 쓴 사람이 다치지 않도록 해야 합니다. 마지막에는 규격이 같은 비닐봉지를 주고 어느 모둠이 종이뭉치를 먼저 채우는지를 겨룰 수도 있습니다.

준비물 : 신문지, 비닐봉지

나는 멋쟁이(1.3-42)

지도자는 어린이들에게 자신의 단점은 일단 내려놓고 장점이나 자랑스러운 점을 생각해보도록 하십시오(2분). 이어서 어린이들이 한 사람씩 돌아가면서 자기의 장점이나 자랑스러운 점을 발표하도록 합니다. 자기를 마음껏 뽐내고 과시할 수 있으므로 누가 어떤 말을 하더라도 수용하고 지지해야지 장난스럽게 빈정대고 무시하는 식의 부정적인 반응을 보이지 않도록 하십시오.

어린이들은 자기의 멋지고 잘난 점을 소개할 때 다른 사람들로부터 인정받는 경험을 하게 될 것입니다. 이 활동은 단순해 보이지만 어린이들이 자기를 긍정적으로 받아들이고 자신감을 증진하는 데 큰 도움이 됩니다. 발표자가 자랑거리를 말할 때마다 다른 어린이들은 "예, 맞습니다." 또는 "옳소!"로 맞장구쳐주어도 좋습니다.

▶▶▶ 생각 나누기 : 칭찬과 긍정적 언급의 차이

〈나는 멋쟁이〉는 지도자의 세심한 도움이 필요한 놀이(활동)입니다. 어린이들 중에서 부모와 형제 등의 중요한 타자들로부터 긍정적인 지지를 받아보지 못하고 자란 경우가 의외로 많습니다. 그런 아이들은 자기와 가까운 사람들에게서 칭찬받기를 갈망하고 있습니다. 그러면서도 다른 사람에게는 좋은 말을 하지 못하고 오히려 가시 돋친 말을 하여 상처를 주는 경우가 많습니다. 그가 어떤 처지에 있는지 알게 되면 충분히 이해가 됩니다. 칭찬받는 것이나 다른 사람을 좋게 보고 칭찬하는 것에 모두 익숙하지 않기 때문일 것입니다.

그런데 과연 칭찬이 어린이들에게 유익한 것인지 생각해볼 필요가 있습니다. 나는 그렇게 보지 않습니다. 실제로 칭찬은 별로 도움이 되지 않습니다. 칭찬하는 사람의 기준에 미치면 칭찬을 받게 되고, 거기에 미치지 못하면 야단맞게 되는 것이 아니던 가요? 칭찬받으려고 애쓰는 사람은 자존감이 허약한 사람입니다. 외적 잣대에 의해서 자기를 맞추려고 하는 사람의 자존감이 높을 수가 없지요. 그러므로 비난과 꾸중을 듣는 것보다는 나을지는 몰라도 칭찬도 그리 도움이 되지 않습니다.

어린이들에게 칭찬하기보다는 진정성 있는 긍정적 언급을 자주 하도록 하십시오. 긍정적 언급은 이를 말한 사람의 가치기준과 판단에 따르는 것이 아닙니다. 한 사람을 있는 그대로 보고 그가 가진 긍정적인 면을 보고 이를 알려주는 긍정적 언급은 칭찬하는 것과 출발점부터 다릅니다. 인간중심 심리학자인 로저스가 상담자의 중요한 자질로 지적한 무조건적인 긍정적 존중(unconditional positive regard)은 칭찬하는 것이 아닙니다. 내가 보고 느끼고 알게 된 그가 가진 긍정적인 면(아름답고, 귀하고, 소중하고, 특별하고, 독특한 점 등)을 그에게 알려주는 것이 긍정적 언급입니다.

나는 비행청소년, 위기청소년이라고 말하는 소위 위험군에 속한 청소년들을 만나오면서 단 한마디의 애정 어린 긍정적 언급이 그들에게 얼마나 큰 힘이 되고 변화를 주는지에 대해 깊이 경험하고 있습니다. 칭찬은 자기를 잃어버리게 만들기 쉬운 위험이 있습니다. 하지만 긍정적 언급은 자기를 애틋한 마음으로 바라볼 수 있도록 해주고 자신을 소중한 존재로 받아들이도록 해주는 강력한 영양제입니다. 메마른 땅을 촉촉이 적셔주는 단비와도 같습니다. 긍정적 언급을 올바로 할 수 있도록 부단히 노력하십시오. 긍정적 언급은 어린이들에게 아무리 자주 해도 지나치지 않습니다. 집단지도자가 진솔한 마음과 고백으로 어린이들에게 무조건적으로 긍정적인 언급을 하는 모범을 보여주는 것은 너무나도 중요하고 시급합니다.

〈당신을 아는 기쁨〉은 어린이가 둘씩 짝을 이루어서 평범한 이야깃거리를 가지고 대화를 나누도록 하는 활동입니다. 어린이들은 자연스럽게 상대방을 이해, 수용, 경청하고 자기를 개방하면서 쌍방 의사소통을 하는 경험을 하게 됩니다.

- 1단계 : 어린이들에게 활동지(부록 3 참조)와 연필을 각각 하나씩 나누어주십시오. 둘이 마주 보고 앉도록 한 다음 상대방의 이름과 별칭(또는 별명)을 물어보아서 각자 활동지에 적도록 합니다(이미 친숙한 사이인 경우에도 두 사람이 정식으로 이름과 별칭을 물어보고 활동지에 기록하도록 하십시오).

- 2단계 : 지도자는 각자 자기 짝에 대해 느낀 첫 인상을 네 가지 적는데 10자 이내의 단문(예 : "재주가 많아 보인다.", "성격이 급하다.", "잘 삐진다." 등)으로 기록하십시오(2분). 지도자는 어린이들에게 자기가 쓴 글을 짝에게 보여주지 않도록 알려주세요. 모두 기록한 다음 짝끼리 마주 보고 앉아서 상대방에 대한 첫인상(기록한 내용)을 한 가지씩 주고받는 방식으로 대화를 나누도록 합니다(2~3분). 이때도 기록한 내용을 상대방에게 보여주어서는 안 됩니다. 지도자는 어린이들이 대화를 나눌 때 '…같다'라고 끝나는 말을 사용하지 말도록 알려줄 필요가 있습니다. 어린이들뿐만 아니라 대부분의 사람들은 '…인 것 같다'라고 말하는데, 이런 식의 표현은 적절하지 않습니다. 따라서 지도자는 어린이들이 "나는 ○○가 …하다고 생각해.", "나는 …을(를) 보면 …한 느낌이 들어."라는 식으로 말하도록 권하십시오.

- 3단계 : 이렇게 첫인상 나누기를 마친 다음 지도자가 짝에 대한 질문을 10~12가지 정도 합니다. 예를 들어 지도자가 "내 짝의 취미가 무엇일까요?" 하고 질문하였을 때 어린이들은 1번 질문 칸에 '취미'라고 적고 자기 짝을 유심히 살펴보고 '만화 그리기'라고 생각하면 '내 생각에는 아마도…' 칸에 '만화 그리기'라고 기록하면 됩니다.

　이와 같은 방식으로 지도자가 10~12가지의 질문을 하면 어린이들은 각자 자기 짝에 대한 예상(느낌)을 '내 생각에는 아마도…' 칸에 기록합니다. 이 질문의 목적은 짝끼리 편안하고 즐겁게 대화를 주고받을 수 있도록 하는 데 있습니다. 그러므로 너무 진지하고 심각한 질문보다는 그냥 재미있고, 엉뚱하고, 때로는 난처한 질문들이 오히려 좋습니다. 예를 들면 좋아하는 계절, 신발 크기, 가장 싫어하는 과목, 몸무게, 좋아하는 음식, 제일 좋아하는 가수, 취미, 허리 사이즈, 화가 났을 때의 증상, 기쁠 때의 행동 따위입니다. 이때도 짝에게 기록한 내용을 보여주지 마세요(5분).

질문에 대한 답을 모두 작성하면 이번에도 마주 보면서 1번 질문을 교대로 물어보고 짝으로부터 정답을 알아봅니다. '사실은…' 칸에 정답을 적어 넣으면서 모든 질문을 확인해보세요. 이런 방식으로 모든 질문에 대해 알아봅니다(5~7분). 어린이들은 정·오답과 무관하게 서로를 알아가면서 만남과 사귐의 기쁨에 폭 잠겨들 것입니다.

- 4단계 : 이렇게 하여 누가 얼마나 맞추었는지를 확인해보세요. 지도자는 어린이들이 얼마나 많이 맞추었는지에 대해 관심을 집중시키지 않도록 하세요. 그보다는 엉뚱하고 싱거운 질문(이야깃거리)을 가지고 친구와 많은 이야기를 나누게 되면서 서로를 보다 많이 알게 된 계기가 된 것에 대해 생각해볼 수 있도록 하십시오. 대화를 나누면서 '과연 내가 생각했던 대로야!' 하는 면도 있었을 테고, '어? 이런 면도 있었네!', '이런, 이게 아니었잖아?' 하는 면도 있었을 것입니다. 이에 관해서 다시 '당신은…' 칸에 다섯 가지(10자 내외의 단문)를 적도록 하고 이를 가지고 마지막으로 이야기를 주고받도록 하세요(2분).

마지막으로 '느낀 점' 칸에 선입감이나 편견은 없었는지, 이 과정을 통해서 깨달은 점이 무엇인지 등을 간단히 적도록 하고 이에 관해 나누어보세요.

준비물 : 활동지와 필기도구(인원수만큼)

▶▶▶ 놀이하는 지혜

지도자의 가치관과 마음가짐은 〈당신을 아는 기쁨〉을 하는 어린이들에게 그대로 반영됩니다. 이에 대해 예를 들어 설명하겠습니다. 3단계를 마치고 나서 지도자가 디브리핑(debriefing, 정리)을 할 때 "누가 가장 많이 알아맞혔나요?" 하고 물어보게 되면 성과 중심이 되어버립니다. 이렇게 되면 적게 맞힌 어린이들은 상심하게 되고 무언가 자기가 잘못했다고 착각하기 쉽습니다. 이와 달리 지도자가 어린이들이 얼마나 맞혔는지를 알아보도록 한 다음 "여러분은 오늘 정말 수지맞았네요. 맞힌 것이나 맞히지 못한 것 모두가 사실은 오늘 처음 친구로부터 알게 된 것이 아닙니까? 그러니 몇 개를 알아맞혔는가는 중요하지 않습니다."라고 말한다면 어린이들은 크게 지지받는 느낌을 가지게 될 것입니다.

의도적인 질문은 도움이 되지를 않습니다. 그보다는 어린이들이 재미있어 하고 편안하게 대화를 이어나갈 수 있는 평범한 질문들이 더 바람직합니다. 어떤 말을 하더라도 평가받지 않고 어린이들이 이야기를 계속 이어나갈 수 있는 질문거리를 준비하도록 하십시오.

오늘 나는…(1.1-102)

〈오늘 나는…〉은 회기를 마무리하는 시간에 적절한 활동입니다. 집단원들에게 아래의 활동지를 나누어주고 작성하도록 하십시오. 그런 다음 서로 돌아가면서 자기가 적은 내용을 나누어보세요. 미완성 문장을 가지고 하는 이 활동은 기록하지 않고 말로 설명해도 됩니다. 다섯 가지 문항을 모두 하지 않고 한두 가지만 하세요. 그렇게 할 수 있는 시간 여유도 없고요. 부정적 언급을 할 수 있도록 해주는 4번 문항이 들어 있으면 아이들은 이 모임에서는 어떤 말도 할 수 있겠다는 기대를 가지게 됩니다.

---

1. 오늘 나의 느낌은 _____합니다.
2. 오늘 나는 _____을(를) 배웠습니다.
3. 오늘 나는 _____ 때문에 기분이 좋습니다.
4. 오늘 나는 _____ 때문에 속상합니다.
5. 오늘 나는 _____을(를) 깨달았습니다.
6. 오늘 나는 _____이(가) 자랑스럽습니다.

지도자 : "〈당신을 아는 기쁨〉을 하면서 친구에 대해 더 많은 것을 알게 되었지요? 친구와 사귀는 것보다 더 재미있는 것은 별로 없는 것 같아요. 첫인상은 정말로 내 생각과 느낌이어서 틀린 것도 많을 것입니다. 내가 일방적으로 판단하기보다 친구 로부터 직접 들어보는 것이 가장 정확하다는 것도 깨달았을 거예요. 이제 모임을 마칠 때가 되었군요. 오늘 친구들과 놀이를 하면서 느낀 점을 누가 이야기해주겠 습니까?"

지도자는 되도록 많은 어린이들이 느낀 점을 나눌 수 있도록 하고 마지막 인사를 나누세요.

메모

집단상담에 대한 생각 나누기
집단치료의 치료적 요인

현존하는 대표적인 실존주의 집단치료 전문가 얄롬(2008)은 집단에서 치료적 요인들이 있는데 이는 인간 경험의 난해한 상호작용을 통해서 일어나는 대단히 복잡한 과정으로 다음의 11가지가 있다고 였습니다. 즉 (1) 희망 심어주기, (2) 보편성, (3) 정보 전달, (4) 이타주의, (5) 초기 가족의 교정적 재현, (6) 사회화 기술의 발달, (7) 모방행동, (8) 대인관계 학습, (9) 집단 응집력, (10) 정화, (11) 실존적 요인들입니다.

　이상의 11가지 치료적 요인 중에서 (5) 초기 가족의 교정적 재현을 제외하고는 놀이로 하는 집단상담 프로그램인 '행복한 만남과 사귐'에서도 모두 해당되는 치료적 요인들이므로 간단히 요약해보겠습니다. (1) 온통 놀이로 하는 집단상담에 참여하게 되면서 학생들은 첫 회기(또는 집단 초기)에 대부분 (어쩌면) 난생 처음으로 즐겁고, 안전하고, 행복한 집단 경험을 하게 되면서 희망을 가지게 됩니다(희망 심어주기). 아울러 집단 지도자는 학생들이 놀이를 통하여 집단 안으로 안착할 수 있도록 도와줍니다. (2) 거의 모든 아이들은 생소한 집단에 들어오게 될 때 긴장과 불안감을 가지고 들어오게 됩니다(보편성). 어느 누구나 할 것 없이 모두가 따돌림을 당하지나 않을까 불안해하는 것이 오늘 아이들의 실상입니다. 놀이에 참여하게 되면서 그들은 상당히 위안을 받게 되고 '나만 불안한 것이 아니구나' 하며 나만이 가진 문제가 아니라 모두가 느끼고 있는 보편적인 문제라는 사실을 알게 되면서 안도하게 됩니다. (3) 정보 전달은 치료자만 아니라 집단원들이 상호 제공하는 충고, 제안, 또는 직접적인 지도 등이 변화와 성장에 도움이 됩니다. (4) 집단원들은 자기가 늘 무익하고 문제를 가진 사람으로 생각해왔었는데 다른 사람들에게 도움을 주고 유익한 역할을 할 수도 있다는 경험을 하게 되면서 상호 지지, 위로, 조언, 통찰을 제공하고 비슷한 문제를 공유하게 됩니다(이타주의). (6) 집단원들이 친밀한 관계를 맺게 되면서 집단에서 상호 정확한 인간관계의 피드백을 위한 최초의 기회를 가지게 됩니다(사회화 기술의 발달). 자신의 문제를 다른 사람을 통해 자각하게 됩니다. (7) 자기와 유사한 문제를 가진 다른 집단원들이 치유되는 과정을 관찰하면서 도움을 받습니다(모방행동). 모방행동은 오래 지속하지 못할 수 있어도 새로운 행동을 시도해볼 수 있도록 해줍니다. (8) 얄롬은 정신과적 증상은 혼란된 대인관계에서 비롯되며, 정신치료의 과업은 집단 참가자들이 왜곡 없는 만족스러운 대인관계를 발전시키는 방법을 도와주는 데 있다고 하였습니다(대인관계 학습). 축소된 사회(social microcosm)인 집단에서 경험하는 바람직한 대인관계의 학습은 참가자들에게 중요한 치료요인이 됩니다. (9) 집단 응집력은 구성원들이 집단에서 따뜻함과 편안함, 소속감을 느끼고, 집단을 가치 있게 느끼며, 또한 다른 집단원들로부터 자신의 가치를 인정받고, 무조건 수용과 지지를 받게 되는 집단의 조건입니다. 얄롬은 집단 응집력은 그 자체로서 강력한 치료적인 힘일 뿐만 아니라, 다른 치료적 요인들이 최상의 기능을 하도록 하기 위한 하나의 필수적인 선행조건이라는 점이 더욱 중요하다고 하였습니다. (10) '청소하다'는 의미의 정화는 언제나 치료과정에서 중요한 역할을 차지해왔습니다. 정화는 지지적인 집단유대가 형성되면서 집단원들이 보다 더 자기개방을 하는 모험을 감행하게 되고, 이는 집단 응집력 강화로 이어집니다. 부정적 감정을 표현하는 집단원에게 다른 집단원들이 그를 이해하려는 진정한 노력이 있을 때만이 치료 효과가 있습니다. (11) 실존적 요인들에 관해서는 4회기(117쪽 참조)의 지금-여기에서 보다 상세히 나누었습니다. 이상의 11가지 치료적 요인은 복잡하게 상호의존적이어서 통합적으로 다루어야 합니다. 이상에서 열거한 치료집단에서의 치료요인들이 일반적인 평범한 아이들을 대상으로 사회적 기술개발을 목적을 가지고 놀이로 하는 이 집단상담 프로그램에도 무리 없이 적용된다는 사실이 흥미롭습니다.

6회기

강조점
• 집단 응집력 강화 • 공동체 정신, 나눔의 기쁨을 경험 • 반환점을 도는 시기에 잠시 숨을 고르는 회기

과정	내 용	
	1~3학년	4~6학년
들어가기	• 청개구리(2,1-35)	• 친구 모셔오기(1,6-5)
활동	• 손바닥으로 짝짓기 • 십자풍선배구(2,1-153)	• 집 찾아가기(1,4-37) • 인간사슬(1,1-30)
마무리	• 오늘 나는…(1,1-102)	• 오늘 나는…(1,1-102)
지도자 숙지사항	• 놀이규칙 엄수 • 아무 생각 없이 놀이에 몰입하는 시간	

지도자 : "어린이 여러분 다시 만나서 반가워요. 오늘이 6회기니까 오늘로 딱 반이
지나서 반환점을 도는 날입니다. 시간이 참 빨리 가네요. 오늘 시작하기 전에 물어
보겠습니다. 지난주(회기)에 우리가 마지막으로 한 놀이가 무엇인지 기억하나요?
네, 맞아요. 〈나는 멋쟁이〉, 〈당신을 아는 기쁨〉이었지요. 나는 어린이 여러분이
이 놀이를 하는 모습을 보면서 어찌나 다 다르고 특별한지 신기했어요. 우리가 모
두 다 똑같으면 사는 게 정말 재미없을 거예요. 서로 달라야 호기심도 나고 재미있
지 않겠어요? 나는 오랫동안 다른 사람들끼리 경쟁하지 않고 서로 돕고 의지하며
살아가는 그런 세상을 꿈꾸고 있습니다. 오늘은 놀이로 그런 세상으로 들어가보
았으면 합니다."

지도자는 어린이들이 두 사람씩 짝을 지어서 〈청개구리〉 놀이 방법을 알려주고 이
야기를 나누도록 하십시오. 2~3분 정도가 적당합니다.

청개구리(2.1-35)

둘씩 짝을 지어서 이야기를 나누는 놀이입니다. 두 어린이가 번갈아 상대방에게 질문을 하는데 대답
은 "예", "아니요"라고만 대답할 수 있습니다. 그런데 곤란하게 만드는 문제가 있습니다. 대답하는
사람이 "예" 할 때는 동시에 머리를 좌우로 가로젓고, 반대로 "아니요" 하면서 머리를 끄덕여야 합
니다. 이렇게 이야기를 나누다 보면 두 사람은 계속 실수를 하게 되고 그래서 웃음이 끊이지 않게 됩
니다.

친구 모셔오기(1.6-5)

의자 하나만 비워두고 학생들은 모두 원대형으로 의자에 앉도록 한 다음 지도자가 학생들에게 놀이 방법을 알려줍니다. 다 함께 부를 수 있는 신나는 노래를 함께 부르기 시작하면 빈 의자의 좌우 양편에 있는 두 사람이 한 손을 잡고 자리에서 일어나 친구들 중에서 한 사람에게 다가가서 붙잡아 제자리로 돌아옵니다. 이렇게 하여 생긴 빈 의자의 양쪽 사람은 다시 손을 잡고 다른 사람을 붙잡아 옵니다. 이렇게 계속하다가 노래가 끝나는 때 친구를 데려오지 못한 두 사람, 즉 그 순간 빈 의자의 양쪽 사람은 붙잡히게 되어 술래가 되는 것이지요. 노래가 끝날 때가 가까워질수록 사람들은 걸리지 않으려고 정신없이 날뛰게 되지요. 우리는 걸리게 되면 대부분 벌을 줍니다. 그런데 여기서는 걸렸는데도 아무 일 없이 그냥 지나가는 거예요. 학생들은 이런 이상한(?) 일을 처음 겪고 안도하게 되면서 놀이에 더 깊이 몰입하게 됩니다. 이렇게 여러 번 반복하여 놀이를 즐겨보세요.

준비물 : 의자 혹은 방석

▶▶▶ 놀이하는 지혜 : 경쟁놀이도 생각만 바꾸면 훌륭한 협동놀이가 됩니다

대부분의 사람들은 경쟁 없이는 아예 놀이를 할 수 없다고 생각합니다. 경쟁을 시켜야 놀이가 되고 더 재미있는 줄로 착각하고 있습니다. 살벌한 경쟁 사회에서 살아왔기 때문이죠. 그래서 경쟁 없는 놀이는 아예 상상조차 하지 못하고 있습니다. 그런 모습은 젠가 게임을 할 때 분명하게 드러납니다. 젠가 게임은 쌓아놓은 나뭇조각(블록)을 순번을 정하여 돌아가면서 아래쪽에 있는 나뭇조각 하나를 빼내어서 맨 위에 올려놓으면 다음 사람이 다시 아래에 있는 나뭇조각을 빼내어 위에다가 안전하게 올려놓는 놀이입니다. 그러다가 나뭇조각을 빼낼 때 또는 위에 얹을 때 나뭇조각들을 무너뜨리는 사람이 지게 됩니다. 그 사람은 게임에서 빠지고 남은 사람들이 계속 게임을 진행하면서 1등을 가려냅니다. 그러다 보니 사람들은 다른 사람이 실수하기만을 바라고 빨리 탑을 무너뜨렸으면 하는 생각을 가지게 됩니다. 상대방이 실수를 하게 되면 환호합니다. 이것이 경쟁놀이가 가진 공통된 속성입니다.

　하지만 이 젠가 게임도 어떻게 하느냐에 따라 훌륭한 협동놀이가 될 수 있습니다. 2~4명의 사람이 돌아가면서 누가 먼저 쓰러뜨리느냐로 경쟁하는 것이 아니라, 시작할 때 함께 최대한 높은 탑을 쌓아보기로 하고 시작하면 분위기는 완전히 달라집니다. 경쟁할 때는 솔직히 말해서 남이 잘못하기를 은근히 바랐었는데, 이번에는 누가 잘못 건드려서 탑이 무너지지 않을까 조마조마한 마음으로 염려하게 되지요. 상대방은 경쟁자가 아니라 한 배를 탄 동반자이기 때문입니다.

　지도자가 어떤 마음가짐과 가치관을 가지고 있느냐에 따라 게임을 치고받는 싸움판으로 만들어버릴 수도 있고, 모두가 한데 어우러져서 즐기는 놀이터로 아이들을 초대할 수도 있습니다. 지도자는 메말라 있고 살벌한 경쟁에 내몰려 살고 있는 아이들을 행복한 만남과 사귐의 자리로 초대할 책임이 있습니다.

손바닥으로 짝짓기

모두 일어나서 둥글게 섭니다. 지도자가 다음과 같이 진행합니다. "여러분, 이제 친구들과 재미있는 만남을 가지겠습니다. 내가 숫자를 외치면 여러분은 다른 친구들을 찾아가서 손바닥을 대고 숫자만큼 짝을 지어야 합니다. 예를 들면 내가 '둘' 하고 외치면 두 사람이 손바닥을 맞대고 짝을 짓도록 하세요. 이와 같은 방법으로 '다섯' 하면 다섯 사람이 손바닥을 맞대고 만나면 됩니다. 그런데 바로 전에 만났던 친구들과는 다시는 만나서는 안 된다는 점을 잊지 마세요. 알겠지요? 자, 그럼 시작하겠습니다."

　이렇게 시작을 하는데 만나는 사람들끼리 인사를 나누도록 하고 곧바로 숫자를 바꾸어서 속도감 있게 진행합니다. 손바닥을 맞대는 것으로 시작하다가 팔꿈치, 무릎 등으로 바꾸어서 진행해보세요. 처음 만나서 서먹서먹했던 사람들이 몸을 맞대면서 순식간에 사귈 수 있는 놀이랍니다.

십자풍선배구(2.1-153)

방의 네 귀퉁이에 의자를 놓고 노끈을 매거나 사람들에게 노끈을 붙잡게 해서 1m 높이에서 중앙에 X자로 가로지르도록 합니다. 4~6명씩 네 모둠으로 나누고 각각 한 진영씩 차지하여 엉덩이를 바닥에 대고 앉습니다. 모둠당 풍선을 2~4개씩 나눈 다음, 시작이 되면 풍선을 손으로 사정없이 때려서 다른 모둠 진영으로 넘기도록 합니다. 지도자는 적당한 시간에 중지를 시키도록 하는데, 중지된 순간 자기 진영에 들어 있는 풍선의 수가 바로 벌점이 되므로 풍선의 수가 적은 것이 좋습니다. 같은 방법으로 여러 번 반복하여 어느 모둠이 가장 벌점이 적은지 알아봅시다. 이 놀이는 노끈의 높이를 60cm 정도로 줄이고 손 대신에 발만을 사용해보는 것도 재미있습니다.

준비물 : 노끈, 풍선

상황 설명 : 어느 날 철수는 동네 친구들과 함께 깊은 산속으로 소풍을 갔습니다. 숲 속을 뛰어다니고 개울가에서 가재를 잡으며 하루 종일 신나게 놀았습니다. 그런데 큰일 났습니다. 어린이들이 그만 집으로 돌아오는 길을 잃어버리고 말았습니다. 해는 서산으로 넘어가기 일보직전입니다. 숲 속 길을 잘 알고 있는 다람쥐가 이를 보고 있다가 어린이들을 골탕 먹이고 싶다는 못된 생각이 들었습니다. 그래서 "얘들아, 너희들이 집으로 돌아갈 수 있는 길을 알려줄 테니 정신 똑바로 차리고 잘 보아야 한다. 알겠니?" 하고 지도를 살짝 보여주고는 감추어버렸습니다.

은사새끼

　지도자가 다람쥐가 되어서 어린이들에게 지도를 살짝 10초 동안 보여주고 감춘 다음, 어린이들이 길을 찾아가도록 합니다. 지도는 바둑판처럼 그려져 있는데 행여 잘못 밟으면 되돌아와야 합니다. 어린이들이 모여서 잠깐 동안 본 지도에 그려진 길을 더듬어서 한 어린이부터 시작하여 길을 나섭니다. 그러다가 길을 잘못 들어서면(사각형을 잘못 밟으면) 지도자가 "끼익!"(또는 "땡") 하고 외쳐서 출발점으로 돌아가도록 합니다. 두 번째 어린이가 다시 도전하고 틀리면 돌아가고, 다시 세 번째 어린이가 출발합니다. 나머지 어린이들은 놀이판에 들어가서 밟을 수 없지만 밖에서 친구에게 계속 길을 알려줄 수 있습니다. 이렇게 하여 조금씩 전진하다가 모둠 어린이들이 모두 실패하면 지도자가 어린이들을 모이게 한 자리에서 지도를 다시 한번 살짝 보여줍니다. 지도자는 지도를 보여주기 전에 어린이들에게 어떻게 지도를 지혜를 모아서 바로 보고 잘 기억할 수 있을지 전략을 짜도록 하고 시간을 주세요. 이런저런 우여곡절을 겪으면서 결국은 모든 친구들이 집으로 돌아올 수 있게 됩니다. 한 사람만 집에 돌아오면 안 됩니다. 모든 어린이들이 다 안전하게 돌아와야 놀이가 끝나게 됩니다. 한 사람도 길을 잃어버리는 일이 없어야 하니까요. 어린이들은 지도자에게 지도를 다시 한번 보여달라고 요청할 수 있습니다. 어린이들은 친구가 길을 잃지 않도록 정성을 기울여서 도와주어야 합니다. 이 놀이를 하면서 어린이들은 힘을 모아 위기를 극복하는 기쁨을 누릴 수 있게 될 것입니다(부록 4 참조).

〈집 찾아가기〉 놀이는 어린이들에게 힘든 과제를 부여하여 그들이 힘을 합하여 풀어나가도록 하는 협동놀이입니다. 이러한 협동놀이는 한 사람도 빠짐없이 모두 함께 하지 않으면 풀 수 없게 되어 있습니다.

6~10명씩 집단을 나누고 어린이들은 각각 0번에서 9번까지 숫자를 적은 종이를 가슴에 붙이도록 합니다. 어린이 수가 10명인 경우에는 한 사람이 한 장씩 가슴에 붙이면 되지만 10명 미만인 경우에는 종이가 남는 수만큼의 사람에게 등에도 한 장을 더 붙이도록 하십시오. 예를 들면 어린이가 7명인 경우에는 그중에서 세 사람이 등에 종이를 붙이게 되지요.

이렇게 준비가 되고 지도자가 예를 들어 "3에 6을 곱한 숫자에 6을 빼고 다시 이 숫자를 4로 나눈 숫자가 무엇입니까?"라고 물으면 정답은 3이니까 각 집단에서는 계산을 빨리 하여서 숫자가 3번인 사람들이 지도자에게로 빨리 달려나옵니다. 가장 먼저 달려온 모둠이 점수를 얻게 되며 이와 같은 방법으로 계속해봅니다. 지도자는 단순한 산수가 아닌 재미있는 퀴즈를 낼 수도 있답니다. 여러 가지 숫자가 나오게 할 수도 있습니다. 예를 들면 "1년은 몇 일입니까?"라고 물으면 정답이 365이므로 각 집단에서는 3번, 6번, 5번이 나와서 순서대로 정렬해야 하겠지요.

준비물 : 0~9의 숫자를 적은 종이(집단 수만큼), 옷핀 혹은 목걸이 명찰(인원수만큼)

오늘 나는…(1.1-102)

〈오늘 나는…〉은 회기를 마무리하는 시간에 적절한 활동입니다. 집단원들에게 아래의 활동지를 나누어주고 작성하도록 하십시오. 그런 다음 서로 돌아가면서 자기가 적은 내용을 나누어보세요. 미완성 문장을 가지고 하는 이 활동은 기록하지 않고 말로 설명해도 됩니다. 다섯 가지 문항을 모두 하지 않고 한두 가지만 하세요. 그렇게 할 수 있는 시간 여유도 없고요. 부정적 언급을 할 수 있도록 해주는 4번 문항이 들어 있으면 아이들은 이 모임에서는 어떤 말도 할 수 있겠다는 기대를 가지게 됩니다.

1. 오늘 나의 느낌은 ＿＿＿＿＿＿＿＿＿＿＿합니다.
2. 오늘 나는 ＿＿＿＿＿＿＿＿＿＿＿을(를) 배웠습니다.
3. 오늘 나는 ＿＿＿＿＿＿＿＿＿＿ 때문에 기분이 좋습니다.
4. 오늘 나는 ＿＿＿＿＿＿＿＿＿＿ 때문에 속상합니다.
5. 오늘 나는 ＿＿＿＿＿＿＿＿＿＿을(를) 깨달았습니다.
6. 오늘 나는 ＿＿＿＿＿＿＿＿＿＿이(가) 자랑스럽습니다.

지도자 : "사랑하는 여러분, 오늘은 서로 도와주고 지켜주는 모습을 보아서 기쁩니다. 특히 ○○가 지도를 잘 기억하는 재주가 있었네요. 모두가 안전하게 집으로 돌아올 수 있는데 네가 큰 힘이 되었다고 생각해. 여러분도 나처럼 그렇게 생각하나요?"(지도자는 일반적인 설명을 하지 말고, 특정한 상황에서 한 어린이가 했던 인상적인 면을 구체적으로 언급하도록 하십시오) "여러분은 오늘 하면서 느낀 점이 있을 텐데 누가 먼저 말해주겠습니까?"

지도자는 오늘 있었던 일들을 돌아보며 어린이들이 느끼고, 생각하고, 경험했던 것들을 한마디씩 이야기하도록 하십시오.

메모

인간관계 5단계

커뮤니케이트(communicate)는 '함께 나눈다', '전달한다' 또는 '공유한다'는 뜻을 가지고 있습니다. 따라서 대화(communication)는 두 사람 이상이 저마다의 생각이나 감정, 정보와 지식을 공유하는 과정입니다. 대화에는 말이나 글로 하는 언어적 의사소통, 그리고 얼굴 표정, 몸짓, 음성, 말의 속도, 시선 등으로 하는 비언어적 의사소통(nonverbal communication)이라는 두 가지 통로가 있습니다.

연문희(2004)는 대화에는 다음의 다섯 가지 차원이 있다고 하였습니다.

1단계 대화 : 형식적이고 의례적인 차원

형식적이고 의례적인 말을 주고받는 대화입니다. 길을 가다가 이웃집 사람을 만나서 한 사람이 "안녕하십니까? 어디 가십니까?"라고 인사하니까 "네, 어디 갑니다."라고 대답합니다. 이 말을 듣고는 "아! 그러시군요. 잘 다녀오세요."라고 말합니다. 생각하면 우스운 대화지요. 아무런 영양가가 없는 상투적인 대화입니다. 이런 인사가 바로 매직 워드(magic word)이지요. 그런데 이런 대화가 전혀 무가치한 것은 아닙니다. 적어도 상대방을 인정한다는 의미에서 인간관계를 맺고 시작하게 해주는 상호작용이 이루어지기 때문이지요.

2단계 대화 : 정보나 사실을 공유하는 차원

사회생활에서 필요한 객관적인 정보, 자료, 또는 지식 등을 주고받는 사무적인 대화입니다. 연예인 스캔들, 운동선수 등 제삼자에 관한 이야기, 사건 사고나 뉴스보도에 관한 이야기, 보고서 제출일 등에 관한 대화가 이에 해당됩니다. 1~2단계의 대화는 개인의 사적인 감정이나 견해 등에 관한 대화가 아니어서 대화하는 사람의 속마음을 주고받거나 인간 됨됨이를 많이 노출시키는 대화는 아닙니다.

3단계 대화 : 생각이나 견해를 교환하는 차원

개인적으로 가깝고 신뢰하는 마음이 있을 경우에 가능한 대화입니다. 두 사람이 자신들의 생각, 견해, 판단 등을 상당히 교환하는 대화입니다. 3단계 대화는 상대방이 자신의 생각과 견해를 경청해줄 것이라는 기대와 믿음이 있어야 가능합니다. 다름에 대한 인정, 이해, 수용이 필요합니다. 그렇지 않으면 자기개방이 어려워집니다. 다른 사람을 평가하거나 판단하지 말고 조건 없는 수용, 즉 있는 그대로를 이해해주면 안도하게 되고 자기개방을 시작하게 됩니다. 자기개방은 성장발달을 위한 출발점입니다.

4단계 대화 : 사사로운 감정을 표현하는 차원

상호 간에 진솔한 느낌이나 감정을 자발적으로 표현하는 대화입니다. 감정의 표현은 생각, 견해 혹은 판단보다도 한층 더 진솔한 속마음을 보여주는 깊은 차원의 대화입니다. 진솔한 감정 표현은 자신의 전부를 드러내는 것이어서 그만큼 심리적으로 위험부담이 크므로 용기가 필요합니다.

5단계 대화 : 서로 공감하는 차원

가장 깊은 대화로 서로 공감하는 차원입니다. 공감은 마치 자신이 그 사람이 된 것처럼 (as if) 그 사람이 되어서 느끼고 생각하고 경험하면서 다른 사람과 심리적으로 하나가 되는 그러한 차원입니다. 이를 이심전심이라고 하지요. 공감은 공명현상으로 설명하기도 합니다. 주파수가 같은 소리굽쇠 2개를 교탁 위에 올려놓고 그중 하나를 때리면 2개가 같이 동시에 '윙' 하고 소리를 내는 것을 공명현상이라고 합니다. 주파수가 서로 다른 경우에는 공명하지 않습니다. 공감은 이러한 공명현상과도 같습니다. 서로 공감하는 차원의 5단계 대화는 상대방의 남다른 경험세계를 그의 입장에서 생각하고 느끼고 이해해주는 단계입니다.

로저스는 공감을 영적인 만남이 이루어지는 순간이라고 말할 정도로 중요하게 생각했습니다. 공감은 마치 내가 너인 것처럼 너가 되어서 너로서 느끼고 생각하고 경험하는데, 실제로 내가 너일 수가 없으므로 마치 '너인 것처럼'인 사실을 잊어버리지 않도록 긴장을 놓지 말아야 합니다. 내가 너가 되는 것은 공감이 아니라 동화이므로, 이것은 불가능하며 그렇게 되어서도 안 됩니다. 공감은 나의 가치관, 선입견, 참조체계, 나아가 종교적 신념까지도 내려놓을 때 비로소 너를 너로서 이해하고 인정하고 수용하고 존중하게 되고 공감에 이르게 되며 너를 만나게 됩니다. 공감은 나의 모든 것을 내려놓고 아무런 전제 없이 왜곡되지 않는, 있는 그대로의 너를 바라보는 거울이 되고자 하는 간절한 마음이 있을 때 실현됩니다. 공감은 나와 너가 만나는 신비스러운 순간입니다.

　나 또한 집단상담을 하면서 집단원들과 이러한 감격스러운 만남을 경험할 때가 간혹 있습니다. 사람과 사람이 진솔하게 만나는 신비스러운 순간이지요. 그래서 나는 집단에 참여할 때마다 섣불리 행동할 수가 없고 날로 더 긴장하게 됩니다. 그런 감격스러운 만남의 순간이 그리워지고 또 그렇게 되기를 기대하는 마음이 간절하기 때문입니다.

7회기

강조점

- 협동심과 공동체 정신
- 지지와 수용
- 스킨십
- 자기 존중, 타인 존중

과정	내 용	
	1~3학년	4~6학년
들어가기	• 종이 빼앗기(2.1-41)	• 공 주고받기(1.6-7)
활동	• 얼음 땡(2.4-9) • 물고 물리고(2.4-134)	• 땅과 포옹하기(1.1-25) • 아! 편안해(1.1-5)
마무리	• 오늘 나는…(1.1-102)	• 오늘 나는…(1.1-102)
지도자 숙지사항	• 협동심과 공동체 정신을 느끼고 나누기	

책상에서 물끄러미 앉아서 어린이들이 모두 올 때까지 기다렸다가 프로그램을 시작하는 모습을 보여주어서는 안 됩니다. 지도자는 어린이들이 모임장소로 들어올 때 그들과 일일이 만나서 따뜻하게 맞아주는 것을 잊지 마십시오.

지도자 : "○○야, 반가워. 무슨 일 있었니? 오늘은 네가 특별히 더 멋져 보이는데?"

지도자가 이런 말로 눈을 마주치고 반갑게 맞이해주면서 악수하고 등을 두드려 주면 그 어린이는 큰 힘을 얻고 집단에 들어오게 됩니다.

어린이들이 모두 모인 자리에서 다음과 같이 말합니다.

지도자 : "여러분, 반가워요. 오늘로 벌써 7회기째가 되는군요. 이제 옆에 있는 친구와 둘이 짝이 되어서 마주 보세요. 그리고 두 사람이 서로 종이를 양손 검지손가락으로 이렇게 잡아보세요."

이렇게 하고 나서 〈종이 빼앗기〉를 하는 것으로 집단을 열어봅시다.

종이 빼앗기(2.1-41)

어린이들을 두 사람씩 마주 보고 앉도록 합니다. 두 사람에게 손을 깍지 낀 상태에서 두 검지손가락을 마주 대고 종이 끝을 꼭 눌러서 잡고 있도록 합니다. 지도자는 어린이들에게 "내가 '잡아'라고 외치면 두 사람은 종이를 잽싸게 끌어당겨서 종이를 빼앗아야 합니다."라고 알려주십시오. 그런 다음 지도자가 이런저런 이야기를 하다가 갑자기 "잡아!"라고 외치면 두 사람은 각자 종이를 잡아당겨서 빼앗습니다. 이렇게 여러 번 반복하면서 즐겨보세요.

이 놀이에 이어서 〈종이 잡기〉 놀이를 할 수 있습니다. 이번에는 종이를 손으로 뭉쳐서 종이공을 만들어서 두 사람 사이에 내려놓습니다. 지도자가 능청스럽게 이야기를 하다가 갑자기 "잡아!" 하고 외치면 두 어린이는 두 손을 등 뒤에 대고 있다가 손을 내밀어서 종이를 먼저 잡습니다. 이렇게 하여 먼저 잡은 어린이가 1점을 가져갑니다. 같은 방법으로 여러 번 반복하세요.

준비물 : 종이

공 주고받기(1.6-7)

6~8명씩 모둠을 만들고 둥글게 둘러서도록 합니다. 학생들에게 신문지를 한 장씩 나누어주고 두 손으로 꽁꽁 뭉쳐서 종이공을 만들도록 합니다. 지도자가 다음과 같이 진행합니다. "여러분, 놀이 방법을 알려드릴 테니까 내 이야기를 잘 들으세요. 모둠별로 모두가 동시에 한 목소리로 '하나, 둘, 셋' 하고 외치면서 '셋' 할 때 각자 들고 있는 공을 공중으로 던져서 뒷사람이 받도록 하는 겁니다. 그러면서 동시에 앞사람이 던져준 공을 받아야 합니다. 한 사람이라도 공을 놓치면 안 됩니다. 이렇게 하여 모두가 공을 받을 때까지 계속 반복해보는 것입니다. 간단해 보이지만 쉽지 않을 겁니다. 대신 어려운 만큼 함께하는 기쁨도 훨씬 크답니다. 일단 성공하게 되면 몇 번 더 성공시킨 다음에 여러분끼리 좀 더 어려운 방법을 의논해서 도전해보세요. 예를 들면, 친구들과의 거리를 멀리하여 원을 크게 해서 공을 받거나, 한 사람 건너뛰어서 앞의 앞 사람의 공을 잡을 수도 있고, 공을 던지고 나서 서 있는 자리에서 한 바퀴 잽싸게 돌아서 공을 잡는 식으로 말입니다. 이것은 여러분 마음대로 정할 수 있습니다. 하기 힘든 일일수록 성공하면 그만큼 보람도 크니까 마음껏 해보세요. 그러면 이제 모둠끼리 시작해보세요."

준비물 : 신문지 또는 고무공(인원수만큼)

얼음 땡(2.4-9)

술래 외에 나머지 어린이들은 모두 놀이터에 흩어집니다. 시작이 되면 술래는 친구들을 쫓아가서 잡아야 합니다. 쫓기는 어린이가 술래에게 잡히기 직전에 "얼음" 하고 외치면서 그 자리에 서면 죽지 않습니다. 그 대신 그 어린이는 얼어버려서 그 자리에 꼼짝하지 않고 서 있어야 합니다. 그러면 살아 있는 친구 중에 하나가 손으로 치면서 "땡" 하고 외치면 다시 살아나서 도망갈 수 있습니다. 이렇게 하다가 잡힌 어린이가 다시 술래가 됩니다.

물고 물리고(2.4-134)

10m 간격으로 평행선을 긋고 두 모둠이 마주 보고 섭니다. 지도자는 두 모둠 사이에 서서 종이를 뭉쳐서 만든 공 40~50개를 중앙에 흩뿌려놓습니다. 마지막으로 어린이 전원에게 길이가 40cm 정도 되는 노끈을 나누어주고 등 뒤 허리춤에 끼어서 꼬리처럼 달도록 합니다. 지도자가 시작 신호를 알리면 어린이들은 모두 달려들어서 땅바닥에 널려 있는 종이공들을 집어 가는데, 이때 꼬리(노끈)를 상대편 사람들에게 빼앗기지 않도록 조심해야 합니다. 종이공들을 주워서 자기 진영으로 돌아온 다음, 공의 수와 빼앗은 노끈(빼앗긴 노끈)의 수를 가지고 점수를 계산해봅니다. 계산하는 방법은 공은 개당 1점이고, 빼앗은 노끈은 3점입니다.

준비물 : 종이공, 노끈

5~6명씩 소집단을 나누어 소집단별로 모여 앉습니다. 지도자는 신체 각 부분을 숫자로 알려주는데, 예를 들면 손바닥 1점, 등 2점, 엉덩이 3점, 코 4점, 배 5점, 머리 7점으로 정합니다.

지도자가 점수를 알려주면 집단별로 신속하게 그 숫자를 만들도록 합니다. 점수를 만드는 방법은 신체의 부분이 땅에 닿으면 점수가 되며(예 : 배를 땅에 대고 엎드리면 5점) 여러 사람의 점수를 합하여 지도자가 알려준 점수를 만듭니다. 이때 한 사람도 빠짐없이 모두 참가하도록 하십시오.

점수를 먼저 만든 모둠 사람들은 "만세!"라든가 "와!" 하는 식으로 큰 소리로 외쳐서 지도자에게 알려주십시오. 신체 부분을 땅에 대는 대신에 한 사람이 말뚝이 되어서 서 있고 그 사람이 땅의 역할을 하는 방법도 있습니다. 즉 그 사람의 몸에 닿은 신체 부분에 해당하는 숫자가 점수가 되는 것이지요.

이 놀이는 어린이들이 서로 격려하고 후원하는 가운데 상호 신뢰하고 지지하도록 도와줍니다. 8~10명씩 소집단을 만들고 소집단별로 옆 사람과 어깨가 닿을 만큼 밀착하여 둥글게 둘러서고 한 사람을 원 안으로 들여보내십시오.

지도자는 원 안에 들어간 사람에게 양팔을 가슴에 대도록 하고 이제부터는 절대로 몸을 굽히지 않도록 당부하십시오. 즉 허리나 엉덩이를 굽히거나 내밀지 말고 넘어질 때는 발뒤꿈치 또는 발끝이 축이 되어서 넘어지도록 하십시오. 이번에는 둘러선 사람들이 오른발을 시원스럽게 위로 빼고 왼발 무릎은 굽힌 상태에서 두 손을 들어서 가슴 옆에 대도록 합니다.

이렇게 준비가 되면 원 안에 서 있는 사람은 자기가 넘어지고 싶은 방향으로 몸을 던집니다. 넘어지는 사람을 양손으로 받아서는 옆 사람에게 조심스럽게 옮겨주거나, 아니면 반대편 사람들에게 넘겨주십시오. 이때 받는 사람들은 넘어지는 사람을 밀치거나 내던져서 불쾌한 느낌이 들지 않도록 편안하고 안전하게 받아주도록 하십시오.

이렇게 모든 어린이들이 돌아가면서 한 번씩 원 안에 들어가서 해보도록 합니다. 지도자는 간간이 어린이들에게 느낌이 어떠한지를 물어보고 피드백을 들어보십시오.

오늘 나는…(1.1-102)

〈오늘 나는…〉은 회기를 마무리하는 시간에 적절한 활동입니다. 집단원들에게 아래의 활동지를 나누어주고 작성하도록 하십시오. 그런 다음 서로 돌아가면서 자기가 적은 내용을 나누어보세요. 미완성 문장을 가지고 하는 이 활동은 기록하지 않고 말로 설명해도 됩니다. 다섯 가지 문항을 모두 하지 않고 한두 가지만 하세요. 그렇게 할 수 있는 시간 여유도 없고요. 부정적 언급을 할 수 있도록 해주는 4번 문항이 들어 있으면 아이들은 이 모임에서는 어떤 말도 할 수 있겠다는 기대를 가지게 됩니다.

---

1. 오늘 나의 느낌은 ＿＿＿＿＿＿＿＿＿＿＿합니다.

2. 오늘 나는 ＿＿＿＿＿＿＿＿＿＿＿을(를) 배웠습니다.

3. 오늘 나는 ＿＿＿＿＿＿＿＿＿ 때문에 기분이 좋습니다.

4. 오늘 나는 ＿＿＿＿＿＿＿＿＿ 때문에 속상합니다.

5. 오늘 나는 ＿＿＿＿＿＿＿＿＿＿＿을(를) 깨달았습니다.

6. 오늘 나는 ＿＿＿＿＿＿＿＿＿이(가) 자랑스럽습니다.

지도자 : "오늘 여러분과 함께 시간 가는 줄도 모르고 신나게 놀다 보니 벌써 마무리
할 시간이 되었군요. 지금까지 우리는 일곱 번 모여서 놀았는데 여러분은 이렇게
놀면서 무엇을 느끼고, 어떤 생각을 하고 있는지 궁금하군요. 모임을 마치면서 한
사람씩 돌아가면서 여러분이 가진 느낌과 생각들을 이야기해보기로 합시다."

지도자는 어린이들에게 자신의 느낌을 솔직하게 드러낼 수 있도록 도와주십시오.

공감에 대해 확인된 사실들

다음은 로저스(2007)가 공감에 대한 여러 연구들을 통해서 확인한 사실들을 요약한 것입니다.

1. 이상적인 치료자는 공감적이다. 치료자들이 치료자가 되는 가장 중요한 요소는 '내담자를 이해하기 위해 내담자의 관점을 가지고 가능한 한 가장 민감하고 정확하게 노력하는 것'이다.

2. 공감은 자기탐구, 점진적 변화와 긍정적인 상관관계를 가지고 있다. 치료관계에서 높은 수준의 공감적 분위기는 내담자가 자기를 깊이 탐구하고 변화와 진보로 나아가도록 해준다.

3. 상담 초기 단계의 공감은 차후의 성공을 예언해준다. 따라서 공감이 실현되었는지의 여부는 치료의 성패를 결정하는 핵심요인이다.

4. 성공적인 사례에서는 내담자가 점점 더 많이 공감받고 있다고 느끼게 된다.

5. 공감적 이해는 치료자에 의해 제공되는 것이지 기본적으로 내담자가 이끌어내는 것이 아니다. 그러므로 관계 가운데 공감적 분위기를 조성하는 책임은 우선적으로 치료자에게 있다.

6. 치료자가 경험이 많을수록 더 높은 수준의 공감을 제공해줄 수 있다.

7. 공감은 관계에서 특별한 자질이며, 치료자들도 도움을 주는 친구보다 훨씬 더 많은 공감을 제공해준다.

8. 심리적으로 성숙하고 통합이 잘된 치료자일수록 더 높은 수준의 공감을 보여줌으로써 더욱 도움이 되는 관계를 제공해줄 수 있다.

9. 공감의 정도를 이해하는 데는 내담자들이 치료자들보다 더 낫다.

10. 치료자들이 공감적 분위기를 조성하는 능력은 그들의 학업 수준이나 지적 능력과는 관계가 없다. 그리고 개개인에 대한 정확한 판단이나 진단하는 능력과는 오히려 부정적 상관관계가 있을 수도 있다. 공감은 대부분 임상적 사고, 즉 심리학적·정신의학적 사고와는 다른 대화의 영역에 속해 있는 것이 분명하다.

11. 공감적인 존재방식은 공감적인 사람들에게서 배울 수 있다. 공감하는 능력은 '타고난 것'이 아니라 배울 수 있으며, 특히 공감적 분위기에서 가장 잘 배울 수 있다는 점이 격려가 된다.

이상의 공감적 상호작용이 가져다주는 결과는 다음과 같습니다.

첫째, 공감은 소외감을 해소해준다. 다른 사람에 의한 민감한 이해는 조현병 환자를 소외된 것으로부터 데리고 나와서 세상과 연결되도록 해주는 가장 중요한 요소가 된다. 칼 융은 조현병 환자들은 자신들이 이해받고 있다고 느낄 수 있는 사람을 만나면 더 이상 조현병 환자가 아니라고 말한 적이 있다.

둘째, 공감적 이해를 받은 사람은 자기 자신이 있는 모습 그대로 가치 있고 존중받으며 수용된다고 느끼게 해준다.

8회기

강조점
• 자기개방 • 자기 존중, 타인 존중 • 이타심

과정	내 용	
	1~3학년	4~6학년
들어가기	• 숨은 그림 찾기(1.1-86)	• 이웃을 사랑하십니까?(1.3-9)
활동	• 가두기(1.3-166) • 들여보내지 않기(1.3-167) • 천막치기(1.1-18)	• 외나무 다리(1.4-4) • 하늘을 나는 양탄자(1.4-39)
마무리	• 오늘 나는…(1.1-102)	• 오늘 나는…(1.1-102)
지도자 숙지사항	• 이타심 • 위기를 함께 극복하면서 우리 의식 함양	

지도자 : "그동안 모두 잘 있었지요? 오늘로 8회기가 되었군요. 이번 우리 모임은 어느 때보다 더 성숙한 시간이 될 것 같은 예감이 들어서 기분이 좋습니다. 그래서 기대가 더 많이 됩니다. 자! 그러면 이제 박수를 치면서 모임을 시작합시다. 박수 한 번 시작! (짝) 박수 다섯 번 시작! (짝짝 짝짝짝) 박수 일곱 번 시작! (짝…) 이렇게 박수를 신나게 치니까 마음도 상쾌해지는군요. 이번에는 다시 박수를 칠 텐데 내 말을 잘 듣고 조심해서 해야 합니다. 그렇지 않으면 낭패하기 십상입니다. 내가 양손을 들고 있다가 이렇게 두 손바닥이 마주칠 때만 박수쳐야 합니다. 그렇지 않은데 박수를 치면 무슨 일이 생길지 모르니 정말 조심하세요. 알겠습니까? 그러면 시작합시다. 시작!"

이렇게 하면서 두 손바닥이 스치려는 찰나에 손을 멈추세요. 그러면 여러 어린이들이 박수를 치고 말 것입니다.

지도자 : "하하하 속았지요? 그러면 다시 해보겠습니다. 시작!"

이렇게 후닥닥 말하고 다시 손을 멈추면 또 다시 속아 넘어가는 어린이들이 있답니다. 하하하!

신문이나 잡지에서 흔히 찾아볼 수 있는 '숨은 그림 찾기'의 그림을 하나 준비해둡니다(부록 5 참조). 3~4명씩 모둠을 이루고 모둠당 그림을 한 장씩 나누어주는데, 미리 볼 수 없도록 뒤집어서 주거나 반으로 접어서 줍니다. 지도자가 "여러분, 〈숨은 그림 찾기〉놀이를 모두 알고 있지요? 지금 나누어드린 종이에는 그림이 들어 있는데 거기에는 많은 물건이 숨겨져 있습니다. 이제 시작하면 힘을 모아서 숨은 물건들을 모두 찾고 나에게 가져오면 보너스로 1점을 드리겠습니다. 알겠지요? 자, 그럼 시작!" 합니다. 학생들은 모두들 머리를 맞대고 그림을 찾습니다. "여기 있다!", "여기 우산이 있다!", "찾았다!" 하면서 서로 찾으려고 난리입니다. 이렇게 하여 제일 먼저 모두 찾은 모둠은 잽싸게 지도자에게 종이를 가져다줍니다. 이렇게 하면 놀이는 끝이 납니다.

준비물 : 숨은 그림 찾기용 그림(집단 수만큼)

〈숨은 그림 찾기〉는 퍼즐 게임인 〈알쏭달쏭〉(1.1-85)과 마찬가지로 지금까지는 대부분 혼자 하는 놀이지요. 그런데 지도자가 어떤 마음으로 어떻게 하느냐에 따라 훌륭한 협동놀이가 될 수 있습니다. 지도자가 시작을 알리면 학생들은 모둠 친구들끼리 머리를 맞대고 제일 먼저 찾으려고 정신없이 숨은 그림을 찾지요. 그러다가 제일 먼저 마친 모둠이 나오면 지도자들은 대부분 보너스 점수를 주거나 최고점을 주고 그들에게 상품을 수여하는 것으로 놀이를 마칩니다. 여러 번 거듭 당부한 말인데 점수를 주고 상품을 주게 되면 놀이는 심하게 훼손됩니다. 학생들은 다른 사람들보다 더 잘해서 점수를 따고, 상을 받기 위해 혈안이 되어버립니다. 놀이 자체를 즐길 수 없게 되어서 즐거움을 잃어버립니다. 다른 사람들과 사귀지를 못하고 오히려 관계를 깨트리는 것도 문제입니다. 놀이에서 진 사람에게 '잡혔다'는 기분이 들게 만들고요. 그래서 놀이에서 경쟁과 보상은 독약이나 다를 바 없습니다.

그러면 '경쟁 없이 어떻게 놀 수 있단 말인가?' 또한 '경쟁 없는 놀이가 과연 얼마나 있을까?' 하는 의문이 생길 수 있습니다. 나 역시 이러한 고민을 꽤 오랫동안 해왔습니다. 그러던 중 나는 어린 시절에 놀았던 그 놀이에 그 해답이 있음을 알게 되었습니다. 해답은 아주 쉽고 단순한 데 있었습니다. 하지만 사실은 그런 고민을 해결하는 데 10년도 훨씬 넘게 걸렸답니다. 해답은 간단했습니다. 우리는 친구들과 놀다가 이기기도 했고 질 때도 있었습니다. 이기면 신나고, 반대로 지면 아쉽고 속상하고 억울합니다. 그래서 진 아이는 "또 해!", "다시 하자!"고 하면서 놀이를 이어갔습니다. 이렇게 이기고 지기를 반복하면서 계속하였습니다. 진 아이와 이긴 아이 사이에 물건(상품)이 오간 적이 없었잖습니까?

늘 그렇듯이 어른들이 문제였습니다. 어른들이 아이들을 도와준다는 구실로 노는 자리에 마구 끼어들어서 놀이판을 망쳐놓았습니다. 자기들끼리 잘 놀고 있는데 어른들이 지도한답시고 놀이규칙을 정해주고, 심판이 돼서 이래라 저래라 지시하고, 더 잘하게 한다며 이긴 아이에게 점수를 주고 상 주고 벌세우는 과오를 범했습니다. 이런 행동이 폭행이 아니고 무엇이겠습니까? 학생들이 점차 자발성을 잃어버리고, 어른의 눈치를 보고 수동적이 되어가고, 자유와 자율을 잃어버리는 것도 모두 어른들이 잘못한 것 때문입니다. 아이들은 놀이규칙을 자기들끼리 정해서 지키고 책임지지 않았나요? 그러면서 자유와 자율이 무엇인지를 깨닫고 절제와 책임의식을 키워나가지 않았던가요? 우리가 모르고 저지른 일이라도 책임을 면할 수 없습니다. 이제라도 잘못을 인식하고 반성해야 합니다.

지금의 아이들도 그냥 놓아두고 지켜보면서 놀 수 있는 기회를 제공하기만 하면 스스로 놀이를 만들어서 즐기고, 서로 의논하여 규칙을 만들고, 이를 지키며, 또 누가 뭐라고 하지 않아도 스스로 책임까지 집니다.

그렇게 놀았던 어린 시절의 놀이를 돌아보면서 나는 경쟁에서 자유로워질 수 있는 지혜를 깨우칠 수 있었습니다. 해답은 단순한 데 있었습니다. 그것은 이긴 사람(모둠)에게 "예! ○○가 이겼습니다." 또는 "1등입니다. 축하합니다."라고 알려주기만 하고 다음 놀이를 이어가면 되는 일이었습니다. 예전에 지면 아쉽고 속상해서 "또 해!" 하면서 이어나갔던 데 해답이 있었던 것입니다. 이렇게 하면 놀이에서 이기고 지는 것은 아무런 문제가 되지 않습니다. 놀이에서 이기고 진 데에 대한 결과로 상벌이 주어지게 되면 문제가 벌어지는 것이 분명합니다. 경쟁에 익숙해진 학생들은 보상이 없으면 놀 생각을 하지 않게 됩니다. 노는 것도 상을 받을 목적으로 하는 반사행동이 되었습니다. 그래서 그런 학생들은 놀아보자고 권유하면, 대부분 "놀면 뭐 줘요?"하는 반응을 보이니 참으로 불행한 일입니다.

이웃을 사랑하십니까?(1.3-9)

어린이들이 원대형으로 의자(방석)에 앉고 나머지 의자들은 원 밖으로 내어놓도록 하십시오. 지도자가 어린이들 중에서 아무나 한 사람에게 찾아가서 "이웃을 사랑하십니까?"라고 물으면 그 사람은 "예", "아니요"라고 대답할 수 있습니다. "예"라고 하게 되면 술래는 다른 사람을 찾아가고, "아니요"라고 하면 술래와 다른 어린이들은 한 목소리로 "그럼 누구를 사랑하십니까?"라고 그 사람에게 다시 묻습니다. 이때 그 사람이 "양말을 신은 사람이요."라고 대답하면 양말을 신은 어린이들은 모두 자리에서 일어나 다른 의자(방석)를 찾아가 바꿔 앉아야 합니다. "양말을 신은 사람이요."라고 말한 사람의 좌우에 앉은 두 사람도 싫어한다고 하니 자리를 떠나야 합니다. 술래는 가장 가까운 자리를 찾아 잽싸게 앉으면 됩니다. 의자가 어린이 수보다 하나가 부족하기 때문에 결국 한 사람은 의자(방석)에 앉지 못하게 되고, 그 사람이 다시 술래가 되어서 놀이를 계속하게 됩니다. 대답은 "예쁜 사람을 사랑합니다.", "똑똑한 사람을 사랑합니다."라는 식으로 모호하면 안 되고 "반지를 낀 사람을 사랑합니다.", "허리띠를 한 사람을 사랑합니다.", "검은색 양말을 신은 사람을 사랑합니다.", "모든 사람을 사랑합니다."라는 식으로 하면 되지요.

준비물 : 의자 또는 방석

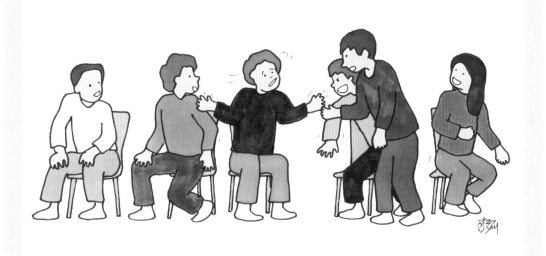

가두기(1.3-166)

10~15명의 어린이들이 둥글게 둘러서서 손을 잡습니다. 그런 다음 한 어린이가 자원하여 원 안으로 들어가도록 합니다. 시작이 되면 원 안의 어린이는 인간장벽을 뚫고 밖으로 나오려고 하고 둘러선 어린이들은 반대로 빠져나가지 못하도록 막습니다. 이렇게 모든 어린이가 한 사람씩 차례로 원 안으로 들어가서 1분씩 해보도록 합시다.

들여보내지 않기(1.3-167)

어린이는 둥글게 원대형으로 서는데 바깥쪽을 보고 서십시오. 어린이들 중 한 사람이 원 밖으로 나가 있다가 시작이 되면 원 안으로 들어갈 수 있도록 노력하십시오. 다른 사람들은 그 사람이 안으로 들어갈 수 없도록 막아야 합니다. 이 활동도 한 사람이 1분씩 해보도록 하십시오.

어린이들이 짝수 인원(4, 6, 8명)으로 모둠을 만들어서 서로 손을 잡고 양손을 펴서 원을 크게 만들게 하십시오. 그런 다음 어느 한 사람부터 각각 차례대로 "하나", "둘", "하나", 둘" 하고 번호를 부르도록 합니다. 지도자는 번호가 '하나'인 어린이는 안쪽이 되고 '둘'인 사람은 바깥쪽이 된다고 알려주십시오. 하나인 어린이는 허리와 무릎을 굽히지 않고 양옆 사람을 의지하여 원 안쪽으로 몸을 기울이면서 머리는 뒤로 젖혀서 하늘을 바라보십시오. 동시에 번호가 둘인 사람은 허리와 무릎을 굽히지 않고 몸을 막대기처럼 곧게 한 상태에서 몸을 뒤로 젖히고 하늘을 바라보십시오.

시작이 되면 '하나'인 어린이들은 원 안쪽으로, '둘'인 사람들은 원 바깥쪽으로 동시에 굽혀서 원을 유지한 상태에서 멋진 별 모양을 함께 만들어봅시다. 이것이 성공하면 이번에는 반대로 '하나'인 어린이들이 원 바깥쪽으로, '둘'인 어린이들이 원 안쪽으로 몸을 기울여서 다시 해보십시오. 그런 다음에는 무너지지 않고 안쪽 바깥쪽을 연속동작으로 바꾸어보세요.

〈외나무다리〉와 〈나는 양탄자〉는 비경쟁 협동놀이(noncompetitive cooperation game)에 해당하는 모험놀이입니다. 이 놀이들의 특징은 학생들에게 어떤 위기(stress) 상황을 부여하여 그들이 협동하여 위기를 극복하는 경험을 하도록 하는 데 있습니다. 이런 놀이들은 힘들고 위험하고 어려운 문제(또는 위기)를 문제로 보지 않고, 그 위기 때문에, 그리고 위기 그 자리에서 사람들이 진정한 만남을 가지게 됩니다. 문제를 문제라고 생각하면 문제가 됩니다. 여기서는 위기가 없으면 참만남과 사귐, 그리고 진정한 변화도 기대할 수 없다고 봅니다. 위기가 없으면 만날 이유도 없습니다. 변화를 촉발시키는 기회가 되는 긍정적인 위기를 여기서는 유스트레스(eustress)라고 합니다.

이 놀이에는 각 놀이마다 특수한 위기 상황이 주어지는데 〈외나무다리〉로 설명해 드리겠습니다.

상황 설명 : "여러분은 지금 외나무다리에 간신히 서 있습니다. 다리 밑에는 펄펄 끓는 시뻘건 용암이 흐르고 있습니다. 만약 다리에서 떨어져서 발바닥이 용암(실제로는 방바닥)에 닿으면 순식간에 용암에 빠져서 죽을 수밖에 없습니다. 여기에 설상가상으로 더 위험한 일이 벌어지는데 여러분끼리 다리 위에서 있는 채로 자리를 바꾸어야 합니다. 한 사람도 죽어서는 안 되니까 서로 붙잡아 지켜주세요. 만약 불행하게도 여러분 중에서 한 사람이 방바닥을 밟으면 모두 죽게 되므로 그렇게 되면 처음부터 다시 시작하세요. 살짝 밟았다고 모른 체하고 지나쳐버리면 안 됩니다. 그렇게 밟은 사람은 미안해하지 말고 자기가 밟은 사실을 친구들에게 꼭 알려주고 다시 시작해보세요. 자! 서두르지 말고 모두 살아야 하니까 조심 또 조심하세요. 빨리 할 필요가 없습니다."

8~10명씩 모둠을 구성하여 학생들이 전원 나무판자에 발을 딛고 올라서도록 합니다. 그런 다음 지도자가 "생일이 1월 1일부터 12월 31일까지 순서대로 줄을 바꾸어 서기 바랍니다. 이제부터는 나무 위에 있어야지 발이 땅에 닿아서는 안 됩니다. 그리고 참가자들은 말을 해서도 안 됩니다. 그러므로 비언어적인 의사소통 방법들을 동원해야 합니다. 자리를 바꾸다가 발이 땅에 닿으면 처음부터

다시 해야 합니다."라고 알려주십시오.

  이와 같은 방식으로 하는데 이름의 가나다 순서대로 정렬하도록 합니다. 이밖에 참가자들이 눈가리개를 한 상태에서 키 순서대로 정렬하도록 해보십시오. 말을 할 수 없는 것만 아니라 앞을 볼 수도 없으니 서로 등을 대고 키재기를 하는 수밖에 없을 것입니다. 이런 방식으로 계속하는 동안 참가자들은 언어적 의사소통 외에도 다른 유용한 의사소통 방법들을 개발할 수 있게 됩니다.

준비물 : 구조목(38mm×140mm×2.4m)

하늘을 나는 양탄자(1.4-39)

상황 설명 : "학생 여러분 아라비안나이트의 '하늘을 나는 양탄자'를 들어보았지요? 그런 양탄자가 진짜로 있답니다. 지금 여러분이 밟고 있는 것이 그 양탄자입니다. 여러분이 신이 나서 양탄자를 탔는데 큰일 났습니다. 아니, 부산을 향해 가려고 이륙했는데 이게 웬일입니까? 거꾸로 북쪽으로 날아가는 것이 아니겠어요. 알고 보니 양탄자가 뒤집힌 채로 탔기 때문이었습니다. 하늘로 날아가고 있으니 중간에 내릴 곳도 없습니다. 양탄자에서 발이 떨어지면 천 길 낭떠러지로 떨어져 죽고, 이대로 가면 휴전선을 넘어 북한 땅에 들어갈 판입니다. 모두 살아날 수 있는 유일한 방법은 날아가고 있는 상태에서 양탄자를 서둘러서 뒤집는 길밖에 없습니다. 여러분 중에서 한 사람이라도 방바닥에 발이 닿으면 모두 즉사합니다. 그러니 조심하세요. 그렇더라도 방바닥을 밟은 학생은 솔직히 알려주고 처음부터 다시 시작해보세요. 아무도 감시하는 사람이 없습니다."

  학생들은 모두 천막(양탄자)에 올라가서 서 있습니다. 지도자가 상황 설명을 마치면 학생들은 서둘러서 천막을 뒤집도록 합니다. 한 사람이라도 땅에 발이 닿으면 처음부터 다시 해야 합니다. 여러 사람이 밟고 있는 천막을 뒤집는 것은 여간 어려운 일이 아닙니다. 이 위기를 신중하게 그리고 빨리 극복해보십시오. "자! 시작하면서 시간을 재십시오."

  (선택사항) 학생의 수에 따라 천막의 크기를 조절하십시오. 살짝 땅을 밟았다고 그냥 지나쳐버리는 일이 없어야 합니다. 철저히 규칙을 준수하기 바랍니다. 지도자가 재촉하게 되면 학생들은 조급해져서 문제가 발생하게 됩니다.

● 지도자가 빨리하라고 재촉하였을 때 어떤 느낌이 들었나요?

● 여러분 중에 규칙을 어겼는데도 모른 척하고 슬쩍 지나가버린 사람은 없습니까?

● 지도자가 시간을 재겠다고 했을 때 어떤 느낌이 들었으며, 학생들 간의 역동에 어떤 변화가 있었습니까?

준비물 : 천막

오늘 나는…(1.1-102)

〈오늘 나는…〉은 회기를 마무리하는 시간에 적절한 활동입니다. 집단원들에게 아래의 활동지를 나누어주고 작성하도록 하십시오. 그런 다음 서로 돌아가면서 자기가 적은 내용을 나누어보세요. 미완성 문장을 가지고 하는 이 활동은 기록하지 않고 말로 설명해도 됩니다. 다섯 가지 문항을 모두 하지 않고 한두 가지만 하세요. 그렇게 할 수 있는 시간 여유도 없고요. 부정적 언급을 할 수 있도록 해주는 4번 문항이 들어 있으면 아이들은 이 모임에서는 어떤 말도 할 수 있겠다는 기대를 가지게 됩니다.

1. 오늘 나의 느낌은 _____ 합니다.

2. 오늘 나는 _____ 을(를) 배웠습니다.

3. 오늘 나는 _____ 때문에 기분이 좋습니다.

4. 오늘 나는 _____ 때문에 속상합니다.

5. 오늘 나는 _____ 을(를) 깨달았습니다.

6. 오늘 나는 _____ 이(가) 자랑스럽습니다.

메모

놀이가 뇌에 미치는 영향

최근 가장 주목받고 있는 과학의 분야가 '뇌과학'입니다. 30여 년 전만 하더라도 여러 가지 윤리적 문제와 기술적인 한계로 인해 인간의 뇌는 대중에게 친숙하지 않았습니다. 그러다가 최근 들어 '양전자 방출 단층촬영(PET), 기능적 자기공명영상(fMRI), 뇌자도(MEG)' 등 소위 '뇌를 들여다볼 수 있는' 기술들이 비약적으로 발전하면서 뇌와 학습, 뇌와 신체기능, 뇌와 정신건강 등 관련 연구가 기하급수적으로 늘어났습니다. 바야흐로 '뇌' 연구가 대세인 시대가 도래한 것입니다.

그러면 뇌과학적 관점에서 놀이가 어떤 의미를 가지고 있으며 어린이들의 학습과 발달에 어떤 영향을 미치는지 간단하게나마 알아보겠습니다. 흔히들 "노는 아이들은 공부를 잘하지 못한다."고 말합니다. "노는 것과 공부하는 것은 다르다."는 것이 일반적인 인식이었지요. 이는 기억과 정보처리와 관계된 '학습의 영역'과 신체활동을 통한 감각전달, 정서적 만족과 관련한 '놀이의 영역'이 근본적으로 독립된 영역이라는 기존의 이론에 근거한 것입니다. 그런데 최근 뇌과학 분야의 연구에서 운동과 감각을 활용하는 놀이가 기억과 정보처리의 지적인 두뇌 개발에도 긍정적 영향을 미친다는 사실이 밝혀졌습니다. 즉 뇌 발달에 있어 인지와 정서, 운동기능 간의 상호연관성이 매우 높다는 것입니다(Jensen, 2011).

뇌과학은 "모든 학습은 뇌에서 일어나며, 신경세포와 관련이 있다."(Diamond & Hopson, 1998)는 이론적 기초에서 출발합니다. 학습과 관련된 두뇌의 발달에 대해 배나치(Banich, 2004)는 "두뇌발달은 신경세포 간 활발한 정보교환을 통해 신경회로가 두터워지는 과정이며, 이는 여러 감각을 활용하여 사물을 경험하는 과정을 통해 가능하다."고 하였습니다. 이 두 조건들을 통해 신체활동 및 감각활용의 놀이가 두뇌의 발달에 긍정적인 영향을 줄 수 있다는 가능성을 엿볼 수 있습니다.

기억(인지 영역), 신체활동(운동 영역), 감정(정서 영역)의 부분으로 확대하여 살펴봅시다. 인간이 오감을 통해 받는 자극과 정보는 1초에 약 4만 가지로 그중 95%가 시각, 청각, 촉각과 관련한 정보라고 합니다. 이렇게 뇌로 전달된 정보들은 다시 '일시기억'과 '영구기억'으로 구분되어 저장되는데, 변연계의 해마와 측두엽, 편도체, 소뇌 등 특정 뇌 영역으로 고루 분산되어 저장됩니다. 즉 서로 다른 뇌의 영역을 자극하는 방식을 다양화하는 것은 '기억'이라는 학습적 요소를 효과적으로 달성할 수 있게 합니다. 때문에 놀이와 같은 활동은 다양한 기억경로들을 조합하고 활용할 수 있는 효과적인 학습의 방법이 됩니다(문원선, 2013; 김영진, 2004).

놀이를 통한 신체활동은 각 신경세포에 산소와 영양분을 더 공급하며, 새로운 뇌 세포 생성에도 도움을 준다는 연구가 있습니다(Jesen, 1998). 또한 놀이과정에서 뇌는 도파민이라는 신경전달물질을 분비하는데, 이 도파민은 즐거운 기분을 가지게 하고, 기억력 향상에도 도움을 준다고 합니다(문원선, 2013). 감정 역시 학습과정에서 중요한 역할을 담당합니다. 예를 들어 신체활동을 통해 분비된 도파민이 '즐거움'의 감정을 느끼게 한다면, 이 '즐거움'은 편도체를 통해 입력정보를 효과적으로 받아들이게 하고 학습의욕을 상승시키는 작용을 합니다. 아울러 이를 통해 성공적인 학습 경험까지 하게 된다면, 전두엽을 발달시키는 데에도 긍정적인 영향을 줄 수 있습니다(Jensen, 1998). 반면 긴장과 스트레스가 많은 학습 환경은 기억을 관장하는 해마를 위축시키고 사고와 판단을 담당하는 전두엽의 활동을 방해하여 결과적으로 학습에 부정적인 영향을 줄 수 있다고 합니다(Mintun & Gado, 1999).

놀이는 좌뇌, 우뇌의 전뇌를 자극하여 뇌 작용 효율성을 높이는 활동이라는 관점도 있습니다(유경아, 2004). 일반적으로 좌뇌는 직선적인 사고방식을, 우뇌는 입체적인 사고방식을 하게 한다고 알려져 있습니다. 우리나라 교육이 교실에서 시각과 언어를 통해서 이루어지는 좌뇌 교육 방식이라는 점에서 놀이의 중요성은 크고 시급하다고 할 수 있습니다.

9회기

강조점

- 자기와 타인에 대한 신뢰와 존중
- 절정 경험, 극적 경험(집단의 절정의 순간)
- 무조건적인 긍정적 존중
- 집단의 종료를 맞이할 준비

과정	내 용	
	1~3학년	4~6학년
들어가기	• 딸랑딸랑(1.4-43)	• 닭 쫓는 족제비(2.4-78)
활동	• 멋진 선물 주고받기(1.1-36)	• 꿈의 의자(1.6-8)
마무리	• 오늘 나는…(1.1-102)	• 오늘 나는…(1.1-102)
지도자 숙지사항	• 〈멋진 선물 주고받기〉 활동에 관한 충분한 이해와 준비 • 〈꿈의 의자〉 활동에 관한 충분한 이해와 준비 • 집단의 절정의 순간	

1. 들어가기

지도자 : "어린이 여러분, 오늘이 몇 회기째입니까? 아이고! 벌써 아홉 번째 모임이
군요. 다음이 마지막이라고 생각하니 벌써부터 아쉬운 생각이 드네요. 여러분은
어때요? 여러분도 나와 같은 기분일 것이라고 생각합니다. 오늘 우리 더 깊고 의
미 있는 만남과 사귐을 가져보기로 합시다."

딸랑딸랑(1.4-43)

모두 둥글게 둘러서고 두 사람이 술래가 되어서 원 안으로 들어갑니다. 술래들에게 깡통을 나누어
주고 눈가리개를 하도록 합니다. 시작이 되면 상대방을 손으로 먼저 친 술래가 이기게 됩니다. 눈
가리개를 하고 있어서 앞을 보지 못하므로 술래들은 수시로 깡통을 흔들어서 자기의 위치를 알려주
고, 상대방도 즉시 깡통을 흔들어서 응수해야 합니다. 빠르게 걷거나 뛰다가 서로 부딪히거나 팔을
마구 흔들다가 크게 맞을 수가 있으므로 천천히 조심조심 움직이세요. 주위에 둘러선 사람들은 편
을 갈라서 각자 자기 술래들을 도와줄 수 있습니다. 크게 고함을 쳐서 위치를 알려주고 자기 술래가
깡통을 흔들 때는 고함을 쳐서 상대방이 듣지 못하도록 하는 등 방해공작을 마음껏 벌일 수 있습니
다. 이렇게 하여 술래를 잡은 사람이 나오면 술래를 바꾸어서 계속합니다.

준비물 : 깡통 2개

닭 쫓는 족제비(2.4-78)

술래 두 사람을 빼고 나머지 어린이들은 넷씩 만나 일렬로 서서 앞사람의 어깨에 양손을 얹어서 잡습니다. 인원수가 맞지 않으면 나머지는 세 사람이 줄을 설 수 있습니다. 예를 들어 16명인 경우 술래 둘을 빼고 나머지 14명은 4명씩 2조, 3명이 2조를 이루면 됩니다. 각 조는 서로 떨어져 있습니다. 술래 둘은 닭과 족제비가 됩니다. 시작이 되면 닭은 족제비에게 잡아먹히지 않게 도망치는데 족제비가 손으로 치면 잡아먹힌 것입니다. 닭이 족제비에게 막 잡아먹히려 할 때 가까이 있는 줄 맨 뒤에 있는 사람을 손으로 붙잡으면 안전합니다. 그 대신 그 줄의 맨 앞 어린이가 닭이 되어서 도망칩니다. 족제비는 다시 그 닭을 잡으려고 쫓아가야죠. 이렇게 하여 족제비에게 잡힌 닭은 족제비가 되고, 족제비는 닭이 되어서 다시 계속합니다.

멋진 선물 주고받기(1.1-36)

6~8명씩 모둠을 만들고 학생들에게 네 가지 색깔(빨강, 파랑, 노랑, 초록)의 색종이를 각각 한 장씩 나누어주십시오. 그런 다음 각자 자기가 좋아하는 색깔부터 순서대로 놓도록 합니다. 그중에서 가장 싫어하는 색깔, 그러니까 네 번째로 제일 밑에 놓아둔 색깔은 별도로 꺼내어서 자신의 엉덩이 밑에 깔고 앉도록 합니다.

　지도자는 학생들에게 '나는 이런 점(모습)이 참 자랑스럽다'고 생각하는 자신의 좋은 점, 멋진 점, 자랑스러운 점을 세 가지씩 생각해보도록 합니다(3분). 그중에서도 가장 좋아하는 품성이나 장점을 자기가 제일 좋아하는(제일 윗면에 있는) 색종이에 5~10자 정도로 큼지막하게 적도록 합니다. 예를 들면 '여유만만', '배려하는 마음', '이해심 많음', '창의적임' 등과 같이 말입니다. 이때 크레파스를 사용하여 글씨와 함께 예쁜 그림을 그리면 더욱 좋겠지요.

　학생들이 세 장의 색종이에 자신의 긍정적인 면 세 가지를 모두 기록하면, 지도자는 "여러분! 수고하셨습니다. 우리가 이처럼 자신을 늘 사랑스럽게 바라볼 수만 있다면 우리는 얼마나 행복하겠습니까? 하지만 사람은 누구나 단점이 있고, 남에게 밝힐 수 없는 부끄러운 점, 싫어하면서도 떨쳐버리지 못하는 나쁜 버릇을 한두 가지씩은 가지고 있는 것이 사실이지요. 이제 여러분은 각자 자기의 그런 부정적인 단면을 한 가지 생각해보고 그것을 엉덩이 밑에 깔아놓은 색종이(가장 싫어하는 색깔)에 같은 방법으로 적으세요. 내가 분명히 약속하는데 여러분이 쓴 글을 절대로 다른 사람에게 보여주지 않을 것입니다. 게다가 나에게 제출하지 않고 여러분이 간직할 것이므로 그럴 수도 없으니 안심하고 솔직하게 적기 바랍니다. 다 적었으면 두 번 접어서 다시 엉덩이 밑에 깔고 앉아주십시오."라고 말합니다.

　이렇게 하여 학생들이 모두 마치면 모둠별로 자기의 자랑스러운 면들을 자기가 적은 색종이를 보여주면서 소개하는 시간을 가집니다. 서로 상대방의 긍정적인 면들에 대해 나누는 동안 여러 가지 느낀 점들이 있을 것입니다. 그래서 이번에는 자기가 이미 가지고 있는 긍정적인 면들을 다른 학생에게 서로 선물하는 시간을 가져봅시다. 예를 들면 우인이가 정민이에게 "너는 '해맑은 웃음'을 가지고 있다고 하였는데 거기에 나는 나의 장점인 '포근한 마음'을 선물하고 싶어."라고 하면서 자기 쪽지를 선사합니다. 이런 방식으로 서로 쪽지들을 주고받는 오붓한 시간을 가져봅시다.

　이렇게 모든 학생들이 소개를 마치면 지도자는 학생들에게 본인은 물론이고 다른 사람에게 절대로 보여주지 않을 것을 다짐했던 부정적인 면을 기록한(엉덩이 밑에 깔고 앉은) 색종이를 접은 채로 거두어들입니다. 그리고 나서 지도자는 거두어들인 쪽지들을 모든 사람들이 보는 앞에서 즉각 태워 버리도록 하세요. 자기가 싫어하고 힘들어하던 마음속의 큰 짐을 훌훌 털어버리고 후련해지는 시간이 될 것입니다.

준비물 : 색종이(1인당 네 가지 색깔), 사인펜, 크레파스(소집단 수만큼), 빈 양철깡통, 라이터

꿈의 의자(1.6-8)

학생들은 U자 대형으로 의자를 놓고 앉은 다음 지도자가 학생들 앞에 앉아서 〈꿈의 의자〉에 대해 설명해주십시오.

지도자 : "학생 여러분, 오늘은 '꿈'에 대해서 이야기 나누는 시간을 가지고자 합니다. 여러분은 꼭 이루고 싶은 꿈이 있나요? 간절한 소망을 가지고 있나요? 절대로 포기할 수 없는 꼭 하고 싶은 꿈이 있나요? 하고 싶은 데 이런저런 사정으로 이루지 못한 꿈이 있나요? 당연히 꿈이 없는 청소년들은 없을 텐데 이런 질문을 하는 내가 서글퍼지네요. 왜냐하면 내가 만난 학생들 중에는 꿈이 없다고 하고, 아예 꿈이 뭔지 모르겠다고 하는 친구들이 많았기 때문입니다. 정말로 꿈이

없다면 그보다 불행한 일은 없습니다. 오늘은 각자 꼭 하고 싶은 꿈, 해야 하는 꿈, 한동안 잃어 버렸으나 다시 찾고 싶은 꿈을 이 자리에 나와서 나누어보도록 하겠습니다. 그러면 잠시 나에게 는 무슨 꿈이 있나 생각해보도록 하세요."

지도자는 한 사람씩 앞에 놓인 의자에 앉아서 자기의 꿈을 2~3분씩 발표하도록 합니다. 이렇게 하여 첫 번째 학생이 나와 앉으면 다음과 같이 말합니다.

지도자 : "이제부터 앞에 나온 ○○의 꿈을 들어볼 텐데 여러분은 친구의 이야기를 잘 경청하기 바랍니다. 앞에 나온 학생이 이야기할 때 여러분은 그 친구가 가진 꿈과 또 꿈을 이루기 위해서 어떻게 하는지를 잘 듣고 무조건적으로 또 긍정적으로 받아들이기 바랍니다. 이 자리는 서로를 평가하고 평가받는 자리가 아닙니다. 나의 꿈과 친구들의 꿈을 들어보면서 이를 인정하고 격려 하고 존중하고 지지하고 축하하는 자리입니다. 발표가 끝나면 학생 여러분은 그 친구에게 느낀 점, 떠오르는 생각, 후원하고 축복하고 싶은 이야기를 한마디씩 들려주도록 하세요. 이렇게 모 든 사람이 돌아가면서 하겠습니다. 그럼 이제 시작해봅시다."

준비물 : 의자 혹은 방석

학생들에게 꿈에 대해서 물어보면 대부분 "없어요.", "몰라요."라고 대답하거나 꿈이 아닌 것을 꿈으로 말합니다. 어린이들조차 공무원이나 교사가 되고 싶다는 것이 그들의 꿈입니다. 공무원을 하고 싶은 이유를 물어보면 안정적인 직업이어서 그렇다고 말합니다. 어린아이들의 입에서 말입니다. 참 안타깝습니다. 이것은 꿈이 아니지요. 꿈은 가치관, 고백, 의미, 이상향, 신념이라고 할 수 있지요. 어떤 특정한 직업이나 일은 자신의 꿈을 이루기 위한 선택인 것이지 그것 자체가 꿈은 아닙니다.

하지만 〈꿈의 의자〉에서는 이런 아쉬움이 있더라도 그대로 놓아두기 바랍니다. 그 대신 어린이들이 한 사람씩 나와서 자기의 꿈을 이야기할 때 진정한 의미에서 꿈이 아니더라도 마음껏 자기의 생각과 희망을 털어놓을 수 있도록 지지해주세요. 이를 듣고 있는 어린이들은 신중하게 경청하면서 친구를 인정해주고 지지하고 후원하도록 권하십시오. "넌 충분히 할 수 있어.", "○○야, 넌 반드시 해낼 거야.", "그래 맞아!", "와아…!", "옳소!" 이렇게 무조건적인 수용과 인정을 해주도록 합니다. 지도자는 시작을 하면서 어린이들이 어떤 말을 하더라도 평가하거나 잘못했다고 꾸짖는 일이 없을 테니 하고 싶어도 할 수 없었던 일, 언제부터인가 잊어버렸던 꿈, 어렸을 때 가지고 있었던 꿈을 돌아보고 말해보라는 말을 꼭 전해주세요.

3. 마무리

오늘 나는…(1.1-102)

〈오늘 나는…〉은 회기를 마무리하는 시간에 적절한 활동입니다. 집단원들에게 아래의 활동지를 나누어주고 작성하도록 하십시오. 그런 다음 서로 돌아가면서 자기가 적은 내용을 나누어보세요. 미완성 문장을 가지고 하는 이 활동은 기록하지 않고 말로 설명해도 됩니다. 다섯 가지 문항을 모두 하지 않고 한두 가지만 하세요. 그렇게 할 수 있는 시간 여유도 없고요. 부정적 언급을 할 수 있도록 해주는 4번 문항이 들어 있으면 아이들은 이 모임에서는 어떤 말도 할 수 있겠다는 기대를 가지게 됩니다.

---

1. 오늘 나의 느낌은 _____ 합니다.
2. 오늘 나는 _____ 을(를) 배웠습니다.
3. 오늘 나는 _____ 때문에 기분이 좋습니다.
4. 오늘 나는 _____ 때문에 속상합니다.
5. 오늘 나는 _____ 을(를) 깨달았습니다.
6. 오늘 나는 _____ 이(가) 자랑스럽습니다.

지도자 : "오늘 우리는 이미 가진 귀한 성품과 재능을 친구들에게 선물하고 또 친구들로부터 받는 재미를 맛보았습니다. 돈 없이도 귀한 선물을 친구에게 전할 수 있다는 것도 알게 되었습니다. 이제 보니 정말 소중한 것들은 돈으로 살 수 없네요! 여러분의 생각은 어떤지 궁금하네요. 누가 먼저 말해주겠습니까?"

지도자는 어린이들과 이렇게 정리(debriefing) 시간을 가지면서, 누구에게나 단점, 부끄러운 점, 아픈 상처 같은 것이 있는데, 그것을 미워할 것만이 아니라 엄연한 나의 한 부분(일면)으로 받아들일 수 있는 계기를 마련해주십시오. 나는 이순의 나이가 되고 보니 나를 그렇게 괴롭히던 고질적인 버릇, 성격까지도 나의 일부분으로 받아들이고 그 모습 그대로 사랑해야 하는 것이라는 사실을 조금씩 더 알아가게 되더라고요. 그것이 나를 있는 그대로 수용하고 사랑하는 것이라는 생각을 하게 됩니다. 나의 나쁜 점을 고쳐나가는 것도, 문제에 집중하여 이를 고치려고 하기보다는 내가 가진 실현 가능성의 힘을 빌려서 나쁜 점을 보듬고 다듬어나갈 때 가능해지더군요.

지도자 : "어린이 여러분, 〈꿈의 의자〉를 하면서 나의 꿈을 이야기하고 친구들의 꿈도 들어보았는데 어땠나요? 정말 따끈따끈하지요? 〈꿈의 의자〉를 하면서 모두가 소중한 꿈을 가지고 있다는 사실을 나는 다시 알게 되었어요. 어느 누구의 꿈이라도 쓸모없거나 하찮은 꿈은 하나도 없다고 생각해요. '꿈은 이루어진다'는 말이 있지요. 냉장고에 오래 넣어둔 과일도 썩듯이 꿈을 그냥 마음에만 간직하고 있으면 언젠가는 온데간데 없이 사라져버립니다. 꿈을 이루려고 노력하는 사람만이 꿈을 이룰 수 있다고 봅니다. 그리고 꿈은 그대로 있는 것이 아니라 노력하는 만큼 눈덩이처럼 더 커지더라고요."

지도자는 어린이들에게 오늘 모임은 어떤 시간이었는지, 무엇을 깨달았는지, 어떤 각오를 한 사람이 있는지를 물어보고 한마디씩 이야기를 들어보십시오.

메모

놀이에서 배우는 네 가지 신념

집단상담에 대한 생각 나누기

나의 관심은 20대부터 시작하여 오늘에 이르기까지 오롯이 놀이였습니다. 농과대학을 졸업하고 대학원에서 신학을, 그리고 미국에서 조직캠프(organized camp), 교육학을 전공하면서도 그 중심은 언제나 놀이였습니다. 그러다가 마흔이 넘은 나이에 상담심리학을 만나면서 놀이를 통합적으로 이해하게 되는 감격을 누릴 수 있었습니다. 그렇다고 놀이에 통달했다는 말이 아닙니다. 지금도 나에게 놀이는 신기하게도 날로 더 궁금해지기만 하는 심오한 세계입니다. 다음은 놀이가 깨우쳐준 교훈입니다. 이러한 확신은 분명한 사실이어서 결코 양보할 수 없는 신념으로 내 마음속 깊이 새겨져 있습니다.

첫째, '만남이 교육에 우선한다'는 믿음입니다.

교육은 사람을 위한 것입니다. 사람에 대한 관심입니다. 사람과 사람의 관계 안에서 이루어지는 것입니다. 교육은 누가 가르쳐서 일방적으로 이루어질 수 없습니다. 교육은 진솔하고 신뢰할 수 있는 만남 없이는 불가능합니다. 교육은 교육자와 학습자의 바람직한 만남과 사귐을 통하여 실현됩니다. 교육만이 아니라 상담, 치료도 마찬가지로 사람과 사람과의 진솔한 만남 안에서, 그런 만남을 통하여, 더불어 변화하고 성숙해나갑니다.

둘째, '사람이 이론보다 우선한다'는 믿음입니다.

아무리 탁월한 이론이라도 사람보다 우선할 수 없습니다. 사람에게 상담 이론을 들이대기보다는 사람 자체에 대한 신중하고 애정 어린 관심을 기울여야 합니다. 상담자는 아무리 확실한 이론이더라도 사람보다 이론을 앞세우지 않는 신중한 마음가짐이 꼭 필요합니다. 직업적 권위를 포기할 만큼 진정성을 강조하였던 로저스의 인간존중의 마음가짐을 되새겨볼 필요가 있습니다.

셋째, '문제 중심이 아니라 사람 중심이어야 한다'는 믿음입니다.

교육, 상담과 치료 현장에서 교육자(상담자)는 내담자의 문제에 집중하여 이들을 일방적으로 관찰하고 진단하고 처방하고 치료하는 경향이 짙습니다. 그러다 보니 진지한 관심과 애정을 가지고 있을 때에도 자칫하면 의식, 무의식중에 그 사람을 대상화하는 잘못을 범하기 쉽습니다. 문제에만 관심을 가지고 이를 해결해보려는 태도가 비효율적이라는 점은 이미 밝혀진 사실입니다. 그 사람이 자기 문제가 무엇인지 스스로 지각하여 자신이 가진 자기실현 경향성을 발견하여 스스로 변화해나갈 수 있도록 이들을 신뢰하고 지지하고 촉진하는 노력이 중요합니다. 문제에 집중하다 보면 사람을 잃어버리기 쉽습니다.

넷째, '결과만큼 과정도 중요하다'는 믿음입니다.

우리나라 사람들은 과업 중심인 경우가 많아서 과정의 중요성을 무시하거나 아예 관심 밖에 두는 경우를 많이 봅니다. 상담과 치료가 한 사람 개개인의 바람직한 변화와 성숙에 관심을 두는 것이라면 과정에 보다 세심한 관심을 기울여야 하는 것은 당연한 일입니다. 과정을 경시하게 되면 그만큼 사람은 외면당하기 쉽습니다. 그래서 결과만큼 과정도 중요합니다.

다섯째, '철저히 현장(사람) 중심에서 이론을 통합한 실천적 대안을 마련해야 한다'는 믿음입니다.

이상 네 가지 신념을 현실화하기 위해서는 당연히 현장 중심으로 사람에게 관심을 집중해야 합니다. 아무리 탁월한 이론이더라도 이를 사람보다 앞세워서는 안 됩니다. 한 사람 개개인과 진솔하고 신뢰할 수 있는 관계를 맺으면서 다가가는 자리에서 우리는 이론과 실제가 분리된 것이 아니라 사람 안에서 하나로 통합되는 실천적 대안을 만들어낼 수 있게 될 것입니다. 이를 위해서 소집단은 결코 타협하거나 양보할 수 없는 필수적인 조건이요, 기초 환경입니다.

10회기

강조점

- 집단 회고, 종료 후의 결단
- 무조건적인 긍정적 존중, 사랑
- 집단에서의 경험을 실생활에서 적용하도록 다짐

과정	내 용	
	1~3학년	4~6학년
들어가기	• 까치와 까마귀(2.2-69, 70)	• 큰길, 오솔길(2.2-68)
활동	• 너에게 딱 어울리는 특별한 상(1.6-9)	• 세상에 단 하나뿐인 상(1.6-10)
마무리	• 하나로 뜻 모아(1.1-100)	• 하나로 뜻 모아(1.1-100)
지도자 숙지사항	• 상장 준비 • 〈하나로 뜻 모아〉 활동에 관한 충분한 이해와 준비 • 후속 지도(follow up)	

지도자 : "아이고, 어떡하나…. 오늘이 마지막이네요. 마지막이라고 생각하니까 슬퍼
지네요. 분명히 여러분도 내 마음과 같을 거라고 생각합니다. 어린이 여러분, 지금
까지 집단에서 좋은 친구들을 알게 되었고 우정을 나누는 행복한 시간을 가져왔습
니다. 이제 정말 아쉽지만 마무리 모임을 평생 잊지 못할 아름다운 추억을 만들어
봅시다."

마지막 회기에서는 새로운 것을 할 수도 있지만 예전에 했던 여는 놀이인 〈머리어
깨무릎발〉(2.1-17), 〈안마사〉(1.3-18) 또는 둘이 짝지어서 했던 놀이들 중에서 두세
가지를 다시 해보기를 권합니다. "어린이 여러분, 전에 했던 …놀이 기억나지요? 그
때 참 재미있게 놀았던 기억이 나는데 한번 다시 해봅시다." 이렇게 시작해 보세요.

까치와 까마귀(2.2-69, 70)

두 모둠으로 나누고 방 중간에 그은 선을 사이에 두고 마주 보고 섭니다. 각 모둠의 주장이 나와서
'까치'와 '까마귀' 중 하나씩 정하도록 합니다. 지도자는 두 모둠이 정렬한 선 사이에 서서 "까까까
까까…" 하고 중얼대다가 갑자기 '까치'와 '까마귀' 중에서 하나를 크게 외칩니다. 지도자가 "까치"
라고 외치는 경우에는 까치 모둠 학생들은 까마귀 모둠 친구들을 쫓아가서 벽에 도달하기 전에 손
으로 쳐서 잡습니다. 반대로 지도자가 "까마귀"라고 외치면 까마귀들이 까치들을 쫓아가서 잡아야
합니다. 이렇게 하여 잡힌 학생은 잡혀간 편의 사람이 됩니다. 지도자는 까치와 까마귀를 솔직하게
외치지 말고 "까까까까… 까르르" 한다거나 "까마중", "까꿍", "까까중" 하는 식으로 골탕을 먹일
수 있습니다.

이밖에 더 짜릿하게 즐길 수 있는 방법이 있습니다. 지도자가 '까치', '까마귀'라고 외치는 대신,
앞뒤의 색깔이 다른 색종이를 들고 있다가 공중으로 던져서 할 수 있습니다. 두 모둠이 색깔을 정하
고 공중에 던져진 색종이가 바닥에 떨어졌을 때 보이는 색깔의 모둠 학생들이 상대방 학생들을 잡
도록 하는 것이지요. 종이가 바닥에 닿아서 정지될 때까지 어떤 색깔인지 알 수가 없으므로 살얼음
을 밟듯이 스릴 만점입니다. 이 놀이를 할 때 색종이를 구하기 어려우면, 대신에 만 원이나 오천 원
지폐를 사용하면 더 흥미진진해집니다. 지폐는 앞뒤가 확연히 다르지 않기 때문에 어린이들은 더 혼

란스러워하고 그래서 뭐가 나올까 모두 집중하게 되지요. 10주 동안 놀다 보니 이제 어린이들은 벌써 오래전에 이미 경쟁에서 자유로워져 있습니다. 그래서 잡혀가도 속상해하지도 않습니다. 마냥 즐겁고 행복하기만 합니다.

준비물 : 양면색종이 혹은 지폐

큰길, 오솔길(2.2-68)

술래 두 사람을 정하여 각각 토끼와 여우가 되고, 나머지 사람들은 그림과 같이 인간 미로를 만들어서 옆 사람과 손을 잡고 정렬한 곳 반대편에 섭니다. 시작이 되면 여우는 토끼를 잡으러 인간 미로를 따라 뛰어가고 토끼는 도망을 치는데, 토끼가 잡힐 것 같으면 지도자는 '큰길'과 '오솔길'을 외쳐서 여우가 토끼를 잡을 수 없도록 도와줍니다. 즉 술래가 "큰길"이라고 외치면 사람들은 오른쪽 방향으로 몸을 돌려서 옆 사람과 손을 잡고, "오솔길" 하고 외치면 사람들은 왼쪽 방향으로 몸을 돌려서 옆 사람의 손을 잡는 것입니다. 이렇게 하여 여우가 술래를 잡을 때까지 계속하다가 잡히면 다시 토끼와 여우를 정하여 계속해보세요.

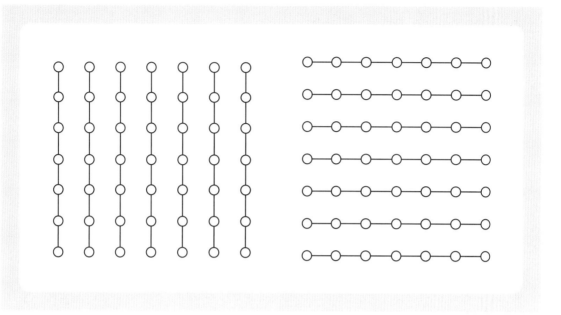

2. 활동

⏰ 30/40분

마지막 10회기는 집단을 종료하는 시간입니다. 이제 집단을 왜 했는지를 함께 생각해봅시다. 집단이 성공했는지 아닌지를 어떻게 판단할 수 있을까요? 어린이들이 보다 건강하고 행복해지는 데 집단에서의 경험이 도움이 되었으면 성공했다고 할 수 있겠지요. 하지만 이것만으로는 부족합니다. 집단에서 가졌던 유익한 경험이 집단을 떠나 그들의 실생활에서 지속적으로 도움이 될 수 있어야 비로소 성공했다고 할 수 있습니다. 그러므로 지도자는 집단을 종료하는 마지막 회기에 어린이들이 집단에서 배우고 느끼고 경험한 것들을 학급에서 적용하기로 약속하고 다짐할 수 있도록 도와주십시오.

너에게 딱 어울리는 특별한 상(1.6-9)

지도자는 집단참가자인 학생들 모두에게 〈세상에 단 하나뿐인 상〉을 친필로 미리 작성해두었다가 마지막 회기를 마칠 때 개별적으로 수여해주시기 바랍니다(부록 6 참조). 이 상은 학생들에게 큰 힘을 실어주는, 무엇과도 비교할 수 없는 값진 선물이 되리라고 믿습니다. 상은 다른 사람들과 비교하여 특별히 잘한 사람에게 특정한 사람이 이를 기념하기 위해 수여하는 것이지요. 그래서 거의 모든 상장은 "당신은 …을(를) 잘해서 이 상장을 수여합니다."라는 식의 글로 되어 있습니다. 〈너에게 딱 어울리는 특별한 상〉은 그런 일반적인 상과 전혀 다릅니다. 이 상은 다른 사람과 비교해서, 경쟁에서 이긴 결과로 받는 상이 아닙니다. 누구나 가지고 있는 자기만의 특별하고 귀한 점을 존중하는 상입니다. 모두가 공평하고 특별하고 소중합니다. 또한 결과보다는 과정에 관심을 더 많이 둡니다. 집단에 참가한 모든 학생에게 줄 상장을 일일이 쓴다는 것은 쉽지 않은 일입니다. 하지만 집단 시작부터 종료할 때까지 전 과정을 돌아보면서 학생들에게 편지를 쓰는 기분으로 상장을 써보십시오. 그리고 마지막 회기 마지막 시간에 학생들에게 나누어주십시오. 모두 모인 자리에서 한 사람씩 앞으로 나오게 하여 상장을 읽어주고 수여하는 방법이 제일 좋습니다. 당신이 사랑의 마음을 담아 건네준 상장은 어린이들 한 사람 한 사람에게 평생 간직하고 싶은 최고의 보물이 될 것입니다.

준비물 : 상장용지(인원수만큼)

세상에 단 하나뿐인 상(1.6-10)

지도자는 "오늘로 마지막 시간이네요. 지금까지 함께 시간을 보내면서 여러분이 얼마나 멋지고 소중한 생명들인지를 새삼 알게 되었어요. 여러분이 진심으로 자랑스럽습니다. 모두가 상을 받기에 충분하다고 생각해요. 그래서 오늘은 여러분이 특별한 상을 받게 될 거예요. 기대해도 좋습니다. 여러분은 누구나 그 사람에게 상을 받고 싶다는 특정 사람이 있을 겁니다. 그분에게서 상을 꼭 받으면 행복하겠다는 사람이 있지요. 이제 그분이 누구일지 생각해보고 한 사람을 정하세요. 1분을 드립니다." 이렇게 시간을 주고 나서 학생들에게 빈 상장용지와 종이를 각 한 장씩, 그리고 연필을 나누어주십시오(부록 6 참조). "내 말을 잘 들으세요. (상장용지를 한 손으로 들어 올리면서) 이 상장은 여러분이 받을 상장입니다. 당신을 사랑하는, 당신에게 특별한 그 분이 지금 당신을 생각하면서 이 상장을 쓰게 될 거예요. 그러니 이 상장에 수여받는 사람의 이름이 누구이겠습니까? 네, 당연히 여러분 자신의 이름이 적혀 있겠지요. 이제 편한 자리로 흩어져서 빈 종이에 그분이 써주실 당신의 상장을 적어오기 바랍니다. 5~6분을 드립니다. 다시 한번 말합니다. 자기가 자기에게 주는 상장은 있을 수 없겠지요. 지금 이 상장은 당신을 특별히 사랑하는 그 분이 당신에게 쓰는 상장입니다. 종이에 상장에 들어갈 내용을 쓰고 나서 1분 정도 남은 때 내가 시간을 알려줄 테니까 그때 상장용지에 글을 옮겨 쓰면 됩니다. 마지막으로 상장 맨 아랫부분에 상장을 수여하는 분의 이름과 오늘의 연월일을 기입하도록 하세요. 마친 학생들은 제자리에 돌아와 앉아주세요. 자! 이제 시작합시다."

학생들에게 상장을 쓰도록 합니다. 지도자는 학생들이 정한 시간에 함께 마칠 수 있도록 몇 분 남았는지를 간간이 알려주십시오. 모든 학생이 제자리에 돌아와 앉게 합니다. 지도자가 다음과 같이 말합니다. "이 상장은 여러분 각자에게 평생 간직하고 싶은 소중한 선물이 될 것입니다. 그러면 이제 여러분이 들고 있는 상장을 시계 방향으로 왼쪽에 있는 친구에게 넘겨주면서, 동시에 오른쪽 친구에게서 상장을 받도록 하십시오. 다 그렇게 했나요? (붙어서 앉아 있는 두 사람에게 다가가서) 두 사람은 자리에서 일어나보세요. 이제 한 학생이 여러분을 각별히 사랑하는 그 분을 대신해서 당신에게 상을 대독하여 수여해드리겠습니다. 알겠지요? 그냥 가져가는 것은 좀 싱겁잖습니까? 그러니 이제 친구로부터 상장을 전달받고 또 내가 대신하여 친구에게 수여해보도록 하겠습니다. 이제 시작해봅시다."

이렇게 하면서 자리에 앉아 있는 학생들은 친구가 상을 받을 때마다 크게 환호하고 박수를 치면서 축하해줍시다.

준비물 : 상장용지, 종이와 연필(인원수만큼)

▶▶▶ 놀이하는 지혜 : 놀이에는 시나리오가 없어서 뜻밖의 놀이들이 탄생합니다

나는 청소년들과 동아리활동, 집단상담, 그리고 캠프와 같은 집단활동/상담을 마치고 나서 참가한 학생들에게 미리 준비해둔 세상에 둘도 없는 특별한 상을 수여해왔습니다. 이 상은 다른 사람과 비교해서 경쟁에서 이겼다고 주는 상이 아닙니다. 누구나 가지고 있는 자기만의 특별하고 귀한 점을 존중하는 상입니다. 모두가 공평하고 특별하고 소중합니다. 또한 결과보다는 과정에 관심을 더 많이 둡니다. 집단에 참가한 모든 학생들에게 줄 상장을 일일이 쓴다는 것은 쉽지 않은 일입니다. 하지만 집단 시작부터 종료할 때까지 전 과정을 돌아보면서 학생들에게 편지를 쓰는 기분으로 상장을 써서 집단을 마칠 때 일일이 전달해주었습니다. 그냥 전하기보다는 모두 모인 자리에서 한 사람씩 앞으로 나오게 하여 상장을 읽어주고 수여하니까 더 숙연해지고 좋더라구요.

　이런 상장수여 프로그램을 수십 년을 해왔었는데 얼마 전부터 '이런 상이 청소년들에게 참 도움이 되고 좋기는 분명히 좋은데, 왜 지도자는 항상 주어야만 하는 것일까? 나도 받고 싶다'는 생각이 살짝 들었습니다. 그러던 중 2014년 2월 베들레헴 YMCA에서 팔레스타인 전문상담자, 치료사, 사회복지사들을 대상으로 치유와 회복을 위한 집단상담 프로그램 진행을 요청받고 아내와 함께 참가하게 되었습니다. 베들레헴YMCA에서는 1년 내내 내담자들을 만나면서 이차적 트라우마(second trauma)를 겪게 되는 상담자들이 이에서 벗어나도록 하기 위한 목적으로 집중적인 집단상담을 매년 1회씩 해왔습니다. 여리고 인터콘티넨탈호텔에서 2박 3일 동안 진행한 집단상담에서 아내와 나는 전국 각처에서 모인 53명의 전문상담사들과 황홀한 시간을 가졌습니다. 혼이 빠져나갈 정도로 뛰고 놀고 춤추며 지냈습니다. 어찌나 시끄러웠던지 둘째 날에는 호텔에서 쫓겨나 호텔 뒤 정원에서 해야 했을 정도였으니까요. 참가자들은 이구동성으로 "어린 시절에도 이렇게 신나게 놀아보지 못했다."며 어린아이처럼 흥분을 감추지 못하며 감격스러워했습니다. 마지막 날 나는 마지막 활동으로 가끔 생각해왔던 〈세상에 단 하나뿐인 상〉을 처음으로 해보았지요. 분쟁지역에서 고통을 겪고 있는 청소년들과 동포들을 도와주고 있는 그들이 하도 고마워서 나눌 선물도 없으니 기념품으로 상장이라도 간직하며 돌아갔으면 하는 바람으로 한 것이었습니다. 그런데 깜짝 놀랄 일이 벌어졌습니다. 20대에서 60이 넘은 성인들이 어찌나 그리 진지하게 상장을 쓰는지 숙연했습니다. 나는 그 상장을 가져가는 것으로 끝마칠 예정이었습니다. 그런데 누가 지시하지 않았는데도 모든 모둠에서 상장을 옆 사람에게 넘겨주더니 서로 상장을 주고받는 뜻밖의 일이 벌어지는 것이 아닙니까? 아내와 나는 얼마나 감격했는지 모릅니다. 눈물이 한없이 흘렀습니다. 이것으로 끝이 아니었습니다. 그들은 상장을 모두 거두더니 내게 가져와서 다시 일일이 상장을 수여받기를 원했습니다. 나에게는 일평생 잊을 수 없는 소중한 추억입니다. 〈세상에 단 하나뿐인 상〉은 팔레스타인 동료들에 의해서 이렇게 탄생하였습니다.

놀이에는 시나리오가 없습니다. 놀이는 도무지 다른 사람을 시킬 수 없습니다. 놀이는 각자 제멋대로 노는 것인데 다른 사람이 어떻게 알 수 있겠습니까. 〈세상에 단 하나뿐인 상〉도 전혀 상상할 수 없었습니다. 그분들이 그렇게 하는 것을 보고 나도 알 수 있게 된 것일 뿐입니다. 바로 이것이 놀이의 신비스러움이고 희열이며 환희입니다.

하나로 뜻 모아(1.1-100)

집단을 종결하면서 지금까지 집단에서 가졌던 지난 일들을 돌아보고 새 출발을 다짐해보는 활동입니다. 우선 학생들이 각자 집단에서 활동하면서 사회성 개발과 관련이 있는 여러 가지를 생각하고 느끼고 배우며 경험하였을 것입니다. 학생들에게 잠시 시간을 주고 어떤 단어들이 떠오르는지 생각해보게 하고 그중에서 다섯 가지를 종이에 적어보도록 하세요. 이렇게 2~3분 정도 단어를 적도록 한 다음 두 사람씩 짝을 지어서 자기가 적은 단어를 가지고 집단에서 느끼고 생각하고 배운 경험들을 진솔하게 나누도록 합니다. 두 학생이 나눈 단어들 중에는 동일하게 중복된 내용들이 분명히 있어서 서로 공감하게 되고 또 친구의 이야기를 들으면서 또 다른, 자기가 놓친 새로운 경험들을 얻기도 합니다.

이제 두 친구는 다른 짝을 만나서 4명이 다시 이야기를 나눕시다. 이때는 두 사람이 나눈 이야기를 다른 두 친구들과 함께 주고받습니다. 그런 다음 지도자가 "여러분, 마지막 모임에서 보이는 여러분의 모습이 너무나 소중하군요. 여러분이 진실로 사랑스럽습니다. 첫 회기에 만났던 여러분의 모습이 겹쳐지면서 감회가 새롭습니다. 이제 네 사람이 모여서 나눈 단어들 중에서 공통된 점들이 분명히 있을 것입니다. 그렇지요? 그 단어는 모두가 공감하고 동의하는 교훈인 것이 분명할 것입니다. 처음에 그런 단어들을 찾아서 모아보고, 아무것도 버릴 것 없이 모두 소중하지만 어느 것이 함께 간직하기에 더 적절한지 의논하여 다섯 가지를 정해보세요. 마지막으로 매우 중요한 말을 하나 하겠어요. 절대로 다수결로 결정해서는 안 됩니다. 어느 것도 가치를 비교할 수 없는, 소홀히 취급할 수 없다는 사실을 여러분이 더 잘 알고 있지 않습니까? 그러니 한 사람만의 이야기라고 외면하고 소수의 의견이라고 무시하는 일이 없도록 하세요. 그럼 모둠별로 시작해보기 바랍니다. 시간은 5분입니다."라고 말합니다. 이렇게 하여 학생들은 4명씩 모여서 의논을 하여 나와 있는 단어들 중에서 5개를 정해봅니다. 이렇게 집단의 크기에 따라 4명으로 마칠 수 있고, 다시 4쌍의 8명이 만나 같은 방법으로 5~6개의 단어를 정할 수 있습니다.

여기까지 이르면 지도자가 다음과 같이 말합니다. "수고하셨어요. 모둠별로 단어들을 정하였지요? 한번 묻겠어요. 내 의견이 다른 친구들에 의해 무시당해서 서운한 친구는 없습니까? 다행입니다. 그래서는 안 되지요. 또한 5개 단어에 내가 생각한 단어가 빠졌더라도 가치 없어서 누락된 것이 아니지요. 누구에게나 그런 단어들이 몇 가지 있을 텐데 단지 빠졌을 뿐입니다. 그것도 마음에 담아두고 우리의 삶 속에서 소중하게 키워주세요. 이제 마지막입니다. 모둠별로 전지와 크레파스를 드릴 테니까 이것을 가지고 여러분이 정한 그 다섯 단어를 가지고 우리의 고백을 담은 시를 쓰든지, 그림으로 표현하든지, 아니면 글을 써서 낭송을 하든지, 이외에 또 다른 방법이 있으면 재량껏 자유롭게 표현해보세요."

이런 과정을 마치고 나서 전원이 모인 자리에서 모둠별로 돌아가면서 발표하는 시간을 가집니다. 지난 10회기 동안 가졌던 여러 가지 일들, 만난 친구들, 느끼고 경험했던 수많은 우여곡절들, 이러한 추억들이 만들어낸 귀한 열매들을 나의 입, 너의 목소리, 너의 얼굴에서 보게 될 것입니다.

준비물 : 종이(A4용지, 인원수만큼), 전지(8명당 1장), 크레파스와 사인펜

▶▶▶ 놀이하는 지혜 : '가위바위보'를 하게 되면 타협하는 기회를 잃습니다

집단의 목표가 중요하다고 개개인의 의견과 인격을 무시하는 일이 없어야 합니다. 각자 자기 의견을 적극적으로 밝히면서 친구들과 함께 뜻을 모아 집단의 공동목표를 모색할 수 있도록 도와주십시오. 이러한 점에서 어린이들이 충분히 토론하지 않고 '가위바위보'로 정한다거나 다수결로 정하는 것은 바람직하지 않습니다. 어린이들이 충분히 의논하여 합의에 이르도록 하는 것이 중요합니다. 이런 과정을 거쳐야 어린이들은 친구들과 의논하여 결정한 것에 대해 책임감을 가지고 이를 준수할 수 있게 됩니다. 나아가 대의를 위해 양보할 수 있고, 절제하는 능력과 희생정신을 갖춘, 이웃과 더불어 살아가는 성숙한 인간으로 성장해나갈 것입니다.

〈하나로 뜻 모아〉를 하면서 준비한 내용을 어린이들이 모두 모여서 돌아가면서 발표하도록 합니다. 이렇게 작성한 전지를 벽이나 게시판에 붙여놓고 어린이 전원이 수시로 볼 수 있도록 하도록 하십시오. 집단에서 가졌던 유익한 경험과 깨우침, 그리고 만남과 사귐을 마음에 담고 친구들과 아름다운 학교공동체를 만들어나가는 데 함께 노력하기로 다짐해봅시다.

메모

사회적 기술개발을 위한 집단상담

행복한 만남과 사귐

부록

부록 1. 알쏭달쏭 활동지

☐ 령 ☐   ☐ 루 ☐ 기   ☐ 글 ☐ 글

☐ 이 ☐ 이   뽀 ☐ ☐   싱 ☐ 생 ☐

☐ 수 ☐ 산   아 이 ☐   메 ☐ 리

호 ☐ 이   ☐ 랑 ☐ 비   ☐ 라 질

정답 : 구렁이/누렁이/지렁이/설렁탕, 호루라기/그루터기/두루마기, 부글부글/보글보글/지글지글/싱글생글, 송이송이/사이사이, 뽀뽀뽀/뽀빠이/뽀로로, 싱글생글/싱숭생숭, 금수강산/산수갑산, 이이돌/아이쿠, 메아리/메모리, 호랑이/호돌이, 노랑나비/호랑나비, 브라질/우라질 중 택 1(정답은 지도자 마음대로 정하면서 재미있게 진행하십시오).

부록 2. 만나서 반가워요 소책자

1

내 이름은 ______________________________ 이야.

2

내 이름을 지어주신 분은 __________ 이며 이름이 가진 뜻은 ____________________.

3

내가 태어나서 자라난 곳은 __________ 이고, 형제가 ____________________.

4

나의 외모는 엄마 아빠 중에서 __________ 를, 성격은 ____________________ 를 닮았어.

5

지금 너와 말하면서 가지는 느낌은 ______________________________.

6

나는 낯선 집단에 들어오면 기분이 ______________________________.

7

내가 갑자기 불안해질 때는 ______________________________.

8

내가 너를 처음 보았을 때 첫인상은 ______________________________.

9

내가 제일 좋아하는 가수는 ______________________________.

10

내가 집단에서 가장 재미있었던 때는 ______________________________.

11

나는 이 집단을 한마디의 형용사로 표현하면 ______________________________.

12

내가 학교생활을 하면서 가장 힘들어하고 있는 것은 ____________________.

경청점검 : "너는 나에게 ______________________________ 라고 말해주었는데 맞니?"

13

내가 가장 행복할 때는 ______________________________.

14

내가 정말로 화가 나서 참기 힘들 때는 _____.

15

짝의 눈을 바라보면서 이 말을 하십시오.
바로 지금 나의 느낌은 _____.

16

내가 집단에 참여하면서 가장 걱정이 되는 것은 _____.

17

내 취미는 _____.

18

친구들과 행복한 공동체를 만들기 위해서는 _____.

19

나는 법과 규칙을 어기는 사람을 보면 _____.

20

내가 위축되고 의기소침해질 때는 _____.

21

내가 가장 사랑스럽게 느껴질 때는 _____.

22

나는 너무나 속상해서 마음이 아플 때 _____.

23

이 문항을 말할 때 짝과 시선을 맞추고 손을 잡아주세요.
내가 지금 너에게 가지는 느낌은 _____.

24

나는 혼자 있을 때 주로 _____을(를) 한다.

25

내가 열등감을 느낄 때는 _____.

26

다른 사람에게 강요당할 때 나는 _____.

27

내가 제일 싫어하는 것은 _____.

28

내가 절대로 포기하지 않고 꼭 이루고 싶은 꿈은 _____.

29

내가 정말 싫어해서 버리고 싶은 버릇은 _____.

30

내가 가장 존경하는 사람은 _____.

31

나는 자살 충동을 느낀 적이 _____.

32

나는 사람들이 나를 _____으면 좋겠다.

33

내가 친구들과 꼭 하고 싶은 것은 _____.

34

내가 너한테 부탁하고 싶은 것은 _____.

35

내가 발견한 너의 가장 멋진 점은 _____.

36

너한테 꼭 들려주고 싶은 말은 _____.

37

지금 내 기분은 _____.

38

나는 오늘 우리의 만남을 한마디로 표현하면 _____.

수고하셨습니다.
오늘 두 분의 만남과 사귐이 더욱 풍요롭고 소중하게 이어지기를 기대합니다.

부록 3. 당신을 아는 기쁨 활동지

	나의 짝	이름 :	
		별 명 :	
첫 인상	느낌 1		
	느낌 2		
	느낌 3		
	느낌 4		
친구 알아가기	질 문	내 생각에는 아마도…	사실은…
	1.		
	2.		
	3.		
	4.		
	5.		
	6.		
	7.		
	8.		
	9.		
	10.		
	11.		
	12.		
당신은…	느낌 1		
	느낌 2		
	느낌 3		
	느낌 4		
	느낌 5		
느낀 점			

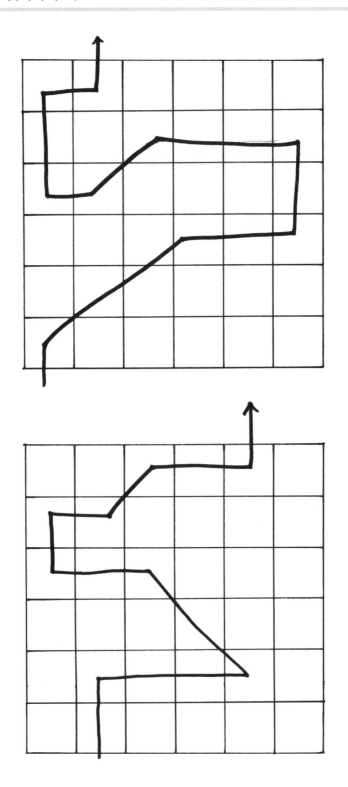

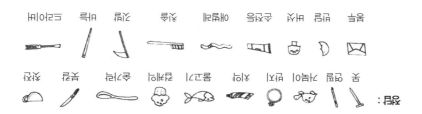

세상에 단 하나뿐인 상

상

이름 : _____

년   월   일

| 참고문헌 |

김광언(1982). 한국의 민속놀이. 서울 : 인하대학교출판부.

김인회(1987). 한국무속사상연구. 서울 : 문음사.

김춘경, 정여주(2001). 상호작용놀이를 통한 집단상담. 서울 : 학지사.

문원선(2013). 전래 영아놀이와 연계한 뇌 기반 영아프로그램 개발 및 효과. 가천대학교 대
    학원 박사논문.

손인수(1998). 한국교육사상사연구(상권). 서울 : 문음사.

신은수 외(2004). 놀이와 유아. 서울 : 이화여자대학교출판부.

연문희(2004). 한 쌍의 대화. 서울 : 학지사.

유동식(1983). 한국무교의 역사와 구조. 서울 : 연세대학교출판부.

이숙재(1997). 유아를 위한 놀이의 이론과 실제(개정). 서울 : 창지사.

이은해, 지혜련, 이숙재(1990). 놀이 이론. 서울 : 창지사.

전국재(1997). 모험협동놀이(놀이보따리 시리즈 제8권). 서울 : 윤컴.

전국재(1998). 야외집단활동지도론. 서울 : 예영커뮤니케이션.

전국재(2001). 놀이와 공동체. 서울 : 예영커뮤니케이션.

전국재(2002). 조직캠프의 전인교육적 모형 연구. 연세대학교 대학원 박사논문.

전국재(2003). 놀이로 하는 즐거운 교육·상담. 제 1, 2, 3권. 서울 : 문음사.

전국재, 우영숙(2005). 놀이로 여는 집단상담기법. 서울 : 시그마프레스.

전국재, 우영숙(2009). 놀이로 하는 집단상담. 서울 : 시그마프레스.

전국재, 우영숙(2009). 집단상담의 놀이와 프로그램. 서울 : 시그마프레스.

전국재, 우영숙(2013). 모험기반상담 놀이와 프로그램. 서울 : 시그마프레스.

전국재(2015). 놀이로 하는 정육품 인성교육. 서울 : 시그마프레스.

전국재(2010). 크리스천 캠핑. 서울 : 홍림.

전국재(2011). 실내놀이 192. 서울 : 시그마북스.

전국재(2011). 야외놀이 177. 서울 : 시그마북스.

전국재(2011). 명랑가족놀이 166. 서울 : 시그마북스.

Banich, M. T. (2004) Cognitive Neuroscience and Neuropschology Goxton : Noughton Mifflin Company.

Caillois, R.(1994). 놀이와 인간. 이상률 역. 서울 : 문예출판사.

Csikszentmihalyi, M.(2004). 몰입. 최인수 역. 서울 : 한울림.

Csikszentmihalyi, M.(2007). 몰입의 즐거움. 이희재 역. 서울 : 해냄

Diamond, M & hopson, J.(1998). Magic tree of the mind. MY : Plume.

Earley, J. (2004). 상호작용중심의 집단상담. 김창대 외 공역. 서울 : 시그마프레스.

Elkind, D.(2008). 놀이의 힘. 이주혜 역. 서울 : 한스미디어.

Forsyth, D.R.(1999). Group Dynamics. Belmont, CA : Wadsworth Publishing Company.

Huizinga, J.(1993). 호모루덴스. 김윤수 역. 서울 : 까치.

Jacobs., Masson., Harvill.(2003). 집단상담; 전략과 기술. 김춘경 역. 서울 : 시그마프레스.

Jensen. E.(2011) 뇌 기반학습. 손정락, 이정화역. 서울 : 시그마프레스.

Johnson, J.E., Christie, J.F., Yawkey, T.D.(2002). 놀이와 유아교육. 신은수 역. 서울 : 학지사.

Johnson, D.E.(1981). Reaching Out. Englewood Cliffs, NJ, Prentice-Haoo, Inc.

Louv, R.(2007). 자연에서 멀어진 아이들. 김주희 역. 서울 : 즐거운 상상.

Millar, S.(1986). 놀이의 심리. 황순자 역. 서울 : 형설출판사.

Nabhan, P., Trimble, S.(2003). 아이들은 왜 자연에서 자라야 하는가. 김선영 역. 서울 : 그물코.

Nachmanovitch(2008). 놀이, 마르지 않는 창조의 샘. 이상원 역. 서울 : 에코의 서재.

Pfeiffer, J. W., Jones, J. E.(1974). *A Handbook of Structured Experiences for Human Relations Training. Vol. 1~8.,* San Diago, CA : University Associates, Inc.

Rogers, C.R.(1961). *On Becoming a Person.* Boston : Houghtou Mifflin.

Rogers, C.R.(1970). *Encounter Groups.* New York : Harper & Row, Publishers.

Schultz,D.(2007). 성장심리학 : 건강한 성격의 모형. 이혜성 역. 서울 : 이화여자대학교출판부.

Thorne, B.(2007). 칼 로저스. 이영희, 박외숙, 고향자 역. 서울 : 학지사.

Tournier, O.(2005). 비밀. 소승연 역. 서울 : Ivp

Yalom, I.D.(2005). 집단정신치료의 이론과 실제. 최혜림, 장성숙 역. 서울 : 하나의학사.

지난 25년간 연구소가 현장에서 쌓아온 연구실적과 경험을 나누는 노력의 일환으로 사회적 기술개발을 위한 집단상담 : 행복한 만남과 사귐 개정본을 발간하였습니다. 현장에 계신 선생님들께 많은 도움이 되길 바라며 홈페이지를 통해 교재를 활용하는 법을 안내합니다.

▶▶▶ 홈페이지 주소 : **www.ilf.or.kr**

1. 놀이 영상자료 제공

'놀이 자료실'에 들어오셔서 이 책에 수록된 놀이 영상자료들을 살펴보세요. 한 초등학교에서 1년간 놀이를 진행한 모습을 연출 없이 담았습니다. 놀이가 실제 현장에서 어떻게 활용되는지 보다 쉽고 효과적으로 이해할 수 있습니다.

2. 오프라인 연수

이 책을 구매한 지도자들의 전문성 향상을 위해 유·무료의 다양한 오프라인 연수 프로그램이 준비되어 있습니다. 홈페이지를 통해 일정과 정보를 확인하여 참여할 수 있습니다.

3. 프로그램 컨설팅

전체 학급 또는 일부 학급 대상, 학생회 간부 대상, 또래 상담자 대상 등 학교/복지 현장에서의 청소년 대상 프로그램 컨설팅이 가능합니다. 그뿐 아니라 교사 및 지도자들을 위한 컨설팅, 연구수탁 및 MOU 등 여러 형태의 프로그램 컨설팅을 의뢰할 수 있습니다.

4. 교재 구매

대화카드 '만나서 반가워요' 등 이 책에 수록된 놀이에 관한 다양한 교재를 판매합니다. 홈페이지를 통해 구입 가능합니다.